Ottilie Wildermuth

Lebenswege, krumme und gerade

Ottilie Wildermuth

Lebenswege – krumme und gerade

Erzählungen von Ottilie Wildermuth

Bearbeitet und zusammengestellt
von Rosemarie Wildermuth

Kleine Stieglitze

Stieglitz Verlag, E. Händle
D-7130 Mühlacker
A-8952 Irdning/Steiermark

Einband: HF Ottmann, Leonberg

ISBN 3-7987-0252-7

Druck: Karl Elser Druck GmbH, Mühlacker

Inhalt

Eine Woche aus dem Leben eines künftigen Landexaminanden

Eine wahre Geschichte

Justinus Kerner schrieb am 13. Dezember 1855 an Ottilie Wildermuth: „Ich habe Deinen ‚Luile' kürzlich zum zweitenmal gelesen und finde, daß er ganz ein Lebensbild von mir ist. Ihm ergings wenigstens in früher Jugend wie mir im hohen Alter: es malen sich mir Freuden vor und nie kommen sie in Erfüllung."

Eigene Erfahrungen sammelte Ottilie Wildermuth erst später: im August 1866 begleitete sie ihren Sohn Hermann nach Stuttgart zum Landexamen, „was ein Akt unendlicher Wichtigkeit für ihn war", wie sie in ihrer Hauschronik vermerkt; „nun, es wurde nicht glänzend, doch gut bestanden". 54 der 80 Prüflinge, die zusammen mit Hermann Wildermuth angetreten waren, fielen durch. Die Seminarplätze waren so heißbegehrt, weil der württembergische Staat alle Kosten – Unterbringung, Unterricht, Verpflegung, Beleuchtung – für die vierjährige Vorbereitungszeit auf das Studium der evangelischen Theologie übernahm. Es gab damals vier niedere evangelisch-theologische Seminare in den ehemaligen Klöstern Blaubeuren, Maulbronn, Schöntal und Urach.

Ver sacrum heißt Weihefrühling, wie ich mir sagen ließ, und das Wort und seine Bedeutung stammt aus alten Tagen. Aber auch unsre Zeit und unser Ländchen kennt einen ver sacrum, der aus der zwölfjährigen Schuljugend auserwählt und zubereitet wird, bis die vierzehnjährige reif ist, im September in die Tore der Residenz geführt zu werden, um allda im Gymnasium illustre ihren ersten Examensschweiß zu schwitzen.

„Wer präpariert sich diesmal aufs Landexamen?“ ertönt zur Zeit jeder neuen Schuleröffnung des Präzeptors Stimme. „Ich, ich“, antwortet mindestens ein Viertel von der Schuljugend, denn jeder, der sich nicht im voraus als absolut untauglich zum Theologen erweist, wird von Hause aus vorläufig zum Landexamen bestimmt: „nützt's nichts, so schadet's nichts, der Präzeptor nimmt ihn sonst nicht gehörig coram.“

Von Stund an ist dieser ver sacrum seltner als andre auf Spielplätzen, auf Schleif- und Schlittenbahnen zu sehen, sie genießen das Vergnügen griechischer und anderweitiger Privatstunden und müssen noch dazu freiwillig den Sallust übersetzen; sie sind des Präzeptors Stolz und seine Qual. „Wie wird's euch im Landexamen gehen! Keinen einzigen bringe ich diesmal 'nein“, seufzt er über sie, drei Jahre lang alle Tage, mit Ausnahme der Sonn- und Feiertage.

Im September wird der ver sacrum eingeschifft; in Städtchen, wo kein Omnibus ist, tut's ein bescheidener Deckelwagen. Der Präzeptor hat den Frack angelegt und die Miene vom letzten Schulexamen: wohlwollend, aber doch ernst. Bei den Knaben überwiegt die Lust der Reise und das Gefühl ihrer Wichtigkeit das Bangen vor dem heißen Prüfungstiegel. In der Residenz herrscht eine eigentümliche Bewegung, vor dem Gymnasium steht's schwarz voll, es sind Väter und Lehrer, die die Söhnlein bis an die verhängnisvolle Pforte begleiten. Überall strecken sich Hände einander entgegen, da und dort ruft eine Stimme: „Grüß dich Gott, Alter, so du hast auch schon einen?“ Und sie gedenken der Tage, wo auch sie durch diese Pforte geschritten sind, und teilen sich ihre Hoffnungen und Befürchtungen mit.

Wenn dann die heißen Stunden zu Ende sind und die Jünglinge zurückkehren, ist die erste Frage des Vaters und Präzeptors: „Wo hast du deine Examensarbeit?“ Findet sich darin ein Schnitzer, o weh! „Du dummer Gesell, wie kommst jetzt auf *den* Fehler, so schlecht hast ja noch gar kein Argument gemacht!“ – „Und der Schlingel könnt' erst noch!“ klagt der Vater, „'s ist pure Schaudelei von ihm“, denn merkwürdigerweise wollen alle Eltern viel lieber faule und liederliche als wenig begabte Kinder, wenn auch fleißige, haben.

Noch eine kurze Zeit der Furcht und Hoffnung, dann verkündet der Merkur die dreißig Glücklichen, die ins Kloster einrücken dürfen, und der Präzeptor nimmt wieder eine neue Schar in Vorbildung.

Nun wird gar viel geklagt über die Examensdressur und den nachfolgenden Klosterzwang, und mancher schüttelt das Joch ab, eh er darunter erstarkt ist, aber man mag dagegen einwenden, was man will, eine gute und edle Saat ist doch schon seit Jahrhunderten aus diesem ver sacrum hervorgegangen: alte ehrenhafte Gottesmänner, starke Säulen der Kirche: ein Bengel, ein Rieger, ein Oetinger, die bewiesen haben, daß sie Geist und Kraft und Leben auf der Schulbank und im Klosterzwang nicht ausgeschwitzt haben. Freilich ist auch viel leichte Spreu davongeflogen, um die es kein Schade ist: Soldaten und Schauspieler, Literaten mit zerrißnen Herzen und Kleidern, Algierer und das mannigfaltige Geschlecht der Amerikaner haben sich aus der Klosterschar rekrutiert. Viele Glieder haben sich abgelöst, um in andern Kreisen sich auszuzeichnen: große Staatsmänner und Ärzte, himmelstürmende Philosophen, die ihre kecken Leitern neben der Mutter Kirche hoch übereinander türmen, bis sie wieder in sich selbst zusammensinken; das alles ist wohl unvermeidlich bei so früher Berufswahl.

Zunächst aber wollte ich nicht vom Landexamen reden, sondern vom Luile und seinem Mißgeschick, und nur weil das Landexamen gewissermaßen der Urgrund davon war, wurde ich darauf geführt.

Der Luile hieß eigentlich Ludwig und wurde nur im Familienkreis mit dieser vertraulichen Abkürzung gerufen; er war der Sohn des Pfarrers von Großendersperg, ein braver und fleißiger Knabe und ohne Frage zum Theologen bestimmt. Seit einem Jahr gab sich der Papa alle erdenkliche Mühe, ihn gehörig zum Landexamen vorzubereiten; er ließ sich's sauer werden und sparte nicht Fleiß und Schweiß, Güte und Strenge, Stock und Hand, um seinem Luile die Schätze des klassischen Altertums aufzuschließen; der Luile bezeigte sich auch willig und gelehrig, obwohl er oft in der Stille fürchtete, er werde sich an den harten Schalen die Zähne stumpf gebissen haben, bis er endlich zum herrlichen Kern des Inhalts durchdringe, den ihm der Vater so anpries.

Als aber das wichtige Jahr heraufdämmerte, das den Luile ins Landexamen führen sollte, und die Mama bereits ein Paar schwarze Hosen vom Vater für dieses Ereignis zurücklegte, da bangte diesem doch, ob wirklich seine eigne Vorbereitung hinlänglich für den Knaben sei zur Erreichung des Zieles. Er reiste daher samt dem Luile und der Mama zu einem gar berühmten Präzeptor, der seit drei Jahren jedesmal acht bis zehn „'neingebracht" hatte, um ein Vorexamen mit dem Knaben anstellen zu lassen. Das Resultat fiel leider nicht genügend aus, im Lateinischen ging's recht ordentlich, aber im Griechischen sah es noch ganz fatal aus. „Es ist eben nie möglich, bei einzelnen zustandezubringen, was bei mehreren sich zum Teil von selbst gibt", versicherte der Lehrer dem niedergeschlagenen Vater. „Ja glauben Sie, wenn Sie meinen Ludwig von Stunde an in beständigem Unterricht hätten, es wäre bis zum Herbst noch möglich?" – „Kaum, kaum", meinte der Präzeptor, bedenklich die Hand ans Kinn legend, „wir müssen erstaunlichen Fleiß aufwenden, doch will ich's unternehmen, wenn Sie ihn sogleich dalassen." – „Aber im Mai wird er konfirmiert, und ich hätte ihn so gern selbst vorbereitet." – „Tut mir leid, das muß hier geschehen, wir haben keine halbe Stunde Zeit zu verlieren, *wenn* es noch möglich sein soll, Ihren Sohn hineinzubringen, man spricht bereits von einhundertunddreiundzwanzig Aspiranten." –

„In Gottesnamen denn“, bewilligte der Vater, „konfirmieren will ich ihn denn jedenfalls zu Haus; behüt dich Gott, Luile, lern fleißig und erkenn, was der Herr Präzeptor an dir tut.“ Auch die Mama schied mit Tränen, ermahnte ihn, sich gut zu halten und sauber zu waschen und versprach seine Hemden und Betten nachzuschicken.

Somit war der Luile nun Kostgänger geworden, was zum erstenmal dem individuellen Selbstgefühl ein gewisses Gattungsbewußtsein beifügt; von Stund an war er nimmer einzeln zu sehen, erschien jeden Tag Punkt zehn Uhr mit einem ungeheuren Stück Brot nebst seinen Gefährten in der Schulpause und stand in einem feindlichen Verhältnis zu sämtlichen „Stadtbuben“, wie die Knaben hießen, die vom Elternhaus aus die Schule besuchten. Wie die Frau Präzeptorin seinen Leib getreulich mit nahrhafter, solider Speise versorgte, so nährte der Herr Präzeptor überreichlich seinen innern Menschen mit der Göttermilch der alten Sprachen. Er genoß seiner mangelhaften Kenntnis wegen das Benefizium von zwei besonderen Privatstunden; ein deutscher Schullehrer griff seiner Arithmetik unter die Arme, daneben der Religionsunterricht, – es wäre ihm keine Zeit zum Schlafen, viel weniger zur Erholung übriggeblieben, wenn nicht die Frau Präzeptorin ihrem Mann vorgestellt hätte, daß ja selbst die gestopften Gänse fetter würden, wenn man sie dazwischen zur Beförderung der Verdauung ein wenig herumspazieren ließe, daß also auch die geistige Nahrung gewiß besser anschlage, wenn man die Schüler hie und da ein wenig verschnaufen lasse. Das geschah dann, und der Luile, der sich redlich bemühte, gab in kurzem die schönsten Hoffnungen.

Die Osterfeiertage durfte er daheim zubringen; der Präzeptor hoffte viel von einer gründlichern Verdauung in dieser Zeit, gab ihm übrigens einen Bogen Aufgaben zum Divertissement mit nach Hause. Die Mutter ließ ihrem Liebling, dem Sohn ihrer Hoffnung, einen doppelt reichlichen Osterhasen legen, der Vater freute sich, doch selbst noch vor der Konfirmation guten Samen bei ihm einstreuen zu können, – da wird der arme Luile krank: nicht bedeutend, wie man hofft.

Der Vater schreibt: „Unter solchen Umständen wird wohl am besten sein, wenn ich meinen Sohn jedenfalls bis über die Konfirmation hier behalte.“ – „Keineswegs“, schreibt der Präzeptor, „wenn Ludwig auch nur noch drei Tage vor der Konfirmation gesund wird, so müssen Sie ihn hieher schicken, wir haben keine Minute Zeit zu verlieren, habe von hundertunddreißig Landexaminanden gehört. Will ihn zur Konfirmation sicher nach Hause spedieren.“

Nun, acht Tage vor der Konfirmation ist der Luile so gut und wird wieder gesund, er trifft gewissenhaft im Kosthause ein, wo ihn die Frau Präzeptorin mit warmem Tee, der Herr Präzeptor mit einer griechischen Repetition regalierte.

Alles ist wieder im schönsten Gang, Buttmann, Scheller und Zumpt in strengstem Gebrauch; Luile soll redlich arbeiten, um am Samstag zur Konfirmation nach Hause zu reisen. Da kommt am Donnerstag der arme Tropf abends aus der Rechenstunde mit einem heftigen Frost, so daß ihn die

Frau Präzeptorin schleunig zu Bette besorgt und für krank erklärt. Der Präzeptor sendet am Donnerstag Botschaft an Luiles Vater, daß sein Sohn nicht kommen könne; da in das entlegene Dörflein, wo dieser wohnt, keine tägliche Post geht, so werden zu dieser Eilpost unterlegte Bettelbuben verwendet.

Am Freitag früh kommt mit umgehendem Boten der Konfirmationsstaat des Luile, ein charmanter Frack und turmhoher Hut, den ein intelligenter Hutmacher aus einem alten Deckel des Papa zurechtgebügelt; die Frau Pfarrerin bittet aber dringend, wenn es sich mit Luile bessern sollte, diesen doch noch wohlverpackt samt seinem Staat im Eilwagen heimzuspedieren. Am Freitagabend wird der Luile besser und die Frau Präzeptorin schickt schleunig seine Kleider wieder nach Haus, da an dem Frack noch eine Kleinigkeit fehlt, mit der Botschaft, der Luile werde am folgenden Tag nachkommen. Die Frau Pfarrerin ist hocherfreut, sie rührt Biskuit und wirkt Butterteig, um den Freudentag auch äußerlich festlich zu begehen, und siehe da:

Freude hat ihr Gott gegeben!
Sehet, wie ein goldner Stern
Aus dem Model blank und eben
Schält sich ihrer Torten Kern.

Eben will sie schon zum voraus ihre Tafel aufs schönste bereiten, holt das feine Damastzeug von der Mama und das silberne Besteck, das noch vom Großpapa existiert; siehe, da überschreitet ein neuer Eilbote ihre Schwelle, dessen Miene nichts Gutes verkündet. Angstvoll erbricht sie den Brief der Frau Präzeptorin: „Leider fürchte ich, daß Ihr Ludwig noch zu schwach zur Heimreise ist, ich bitte daher seine Konfirmationskleider durch beifolgenden Expressen sogleich wieder hieherzuschicken." Du arme Mama, so ist deine Freude wieder zu Wasser geworden!

Der Bote mit den Kleidern ist abgefertigt, da kommt der Mama ein neuer trauriger Gedanke: jetzt wird mein Luile in Schneckenburg konfirmiert und bekommt nicht einmal ein bißchen was extra; denn der Frau Präzeptorin ist nicht zuzumuten, daß sie zu der Mühe und Unlust, die sie hat, auch noch brotzeln und backen soll. Es kommt ihr immer schmerzlicher vor; sie sendet nach dem Springspohn, einem armen Schuster, dem seine flinken, stets springfertigen Beine diesen Beinamen erworben, packt unter lebhaftestem Widerspruch der jüngern Kinder sämtliches Backwerk in eine Schachtel und sendet sie durch den Schuster an die Frau Präzeptorin mit der Bitte, daß sie sich und dem Luile einen vergnügten Tag damit machen möchten.

Am Samstagabend aber fühlt sich der Luile wieder besser und der Arzt meint, die Heimat wäre die beste Kur für den armen Burschen.

„In einer Viertelstunde geht der Eilwagen, geschwind, zieht den Ludwig warm an, es reicht noch!"

Seine Kleider werden herbeigebracht, wo aber ist der Sonntagsrock? Luile fragt die Magd, die Magd fragt die Frau, die Frau fragt den Fritz, der

Fritz fragt den Christian, niemand weiß von dem Rock, Kisten und Kasten werden umsonst durchstöbert; endlich fällt's der Magd ein, sie habe das Röcklein beim Ausklopfen am Kleiderstock hängen lassen, da werde es gestohlen worden sein. Neuer Jammer, der Postillion bläst, Luile wird mit seinem geflickten Werktagswams bekleidet, in allerlei Mantelkrägen von zweifelhafter Gestalt gehüllt und samt dem wohlverpackten Konfirmationsstaat in den Eilwagen geschoben.

Nun legte sich der junge Dulder in die Ecke des Eilwagens zu behaglichem Schlummer, er glaubt am Ziel aller Schwierigkeiten zu sein und träumt von seinem Mütterlein, da – was gibt's? Ein Stoß, ein Fluch vom Postillion, ein Entsetzensschrei des andern Passagiers – der Eilwagen lag um und der Luile darunter.

Stockfinstere Nacht, Jammern, Schreien, Fluchen, endlich kommt eine Laterne; der Kondukteur zählt die Häupter seiner Lieben und zieht den Luile betäubt, mit Kot überzogen, aber doch unverletzt heraus.

Der Wagen ist gebrochen, der Kondukteur und Postillion, nachdem sie sich über die heillosen Straßen satt geflucht, beschließen, den Wagen langsam zurückzufahren und raten den zwei Passagieren, im nächsten Ort zu übernachten. Luile aber, sonst eine sanfte fügsame Natur, tritt energisch auf und erklärt, daß er heut noch nach Haus müsse, da er morgen konfirmiert werde. Das sieht denn der Kondukteur ein, und nach vielen Drangsalen wird der vielgeprüfte Luile zum andernmal in einen Einspänner gepackt.

Im Pfarrhaus in Großendersperg lag alles in tiefer Ruh. Da schellte es um Mitternacht; die Pfarrerin fuhr im Schrecken aus dem Schlaf: das ist eine Unglückspost vom Luile. Zitternd macht sie Licht und eilt hinunter; ist's der Luile oder ist's sein Geist? Er selbst ist's, leibhaftig, zwar in kläglicher Gestalt, aber doch mit ganzen Gliedern. Die Mama fragt nicht lange: „Gottlob, du bist's!" ruft sie aus. „Ach Luile, was ist das für ein Glück, daß du noch kommen kannst!" Sie bedient den Postknecht mit Wein, den Luile mit dem Lebenselixier der Schwaben, mit einer warmen Suppe, und bettet ihn so weich und warm, wie nur eine Mama einbetten kann. Der Papa hat indes gut und stark fortgeschlafen.

Das Frühstück am nächsten Morgen war ein Lichtpunkt in dieser Drangsalswoche: „Heut denkt unser Büble auch an uns", sagte seufzend der Pfarrer, „Mama, wir wollen eben treulich für ihn beten!" Siehe, da streckt der Luile sein schmales Haupt zur Türe herein und von Vater und Geschwistern tönt ein fünfstimmiger Jubelruf durchs Haus.

Nun aber sollte er zur Kirche gerichtet werden. „Luile, wo sind denn deine Kleider?" fragte die Mutter. „Ach, die werden in dem zerbrochenen Eilwagen geblieben sein!" – „Aber wo hast du denn dein Sonntagsröckle?" – „Ach, das ist gestohlen worden." – „Aber liebste Zeit, wo ist denn die Schachtel mit dem Backwerk, das ich der Frau Präzeptorin geschickt habe?" – „Ja von dem weiß ich gar nichts."

Die Frau Pfarrerin verstummte. Des Papas Röcke waren dem Luile siebenmal zu weit und in dem Wams konnte er doch nicht gehen. Endlich fiel noch dem kleinen Augustle ein, der Herr Baufälter sei gewiß so dünn wie der Luile. Der Herr Baufälter war ein etwas leibarmer Unterlehrer, und sein Röcklein ging dem Luile nicht ganz bis an die Knöchel.

So wurde denn Luile in Herrn Baufälters Röckchen konfirmiert und mußte beim Mittagessen mit einem Pfannkuchen vorliebnehmen; damit waren seine Prüfungen zu Ende.

Den besten Schmuck aber, ein frommes, andächtiges Herz, hat er doch zu seiner Konfirmation getragen, und seine Kleider haben ihn nicht zu sehr angefochten; auch hat die Frau Präzeptorin gewissenhaft das Backwerk wieder zurückgeschickt.

Die Zahl der Landexaminanden war im September auf neunzig geschmolzen, und der Präzeptor hatte den Luile nebst sechs andern siegreich durch die enge Pforte gebracht.

Der versäumte Schmaus wurde in gloriöser Weise eingebracht, der Luile ist jetzt bereits Vikar und dressiert seines Pfarrers Buben zum Landexamen.

Franziska von Hohenheim
1748–1811

Als Ottilie Wildermuth im Jahr 1857 dieses Lebensbild als Auftragsarbeit schrieb, waren erst wenige geschichtliche Quellen erschlossen. Das mindert seinen Reiz nicht; er beruht vornehmlich darin, wie die durch und durch bürgerliche Schriftstellerin der Gestalt aus einer ihr fremden Sphäre mit einfühlender Sympathie gerecht wird.

Franziska, „das Franzele des Karl Herzog selig", ist ein Name guten Klanges für jeden Württemberger. Ihre weibliche Liebenswürdigkeit, ihre treue Liebe und echte Herzensgüte haben selbst über den Flecken, der der unauslöschlichste in einem Frauenleben ist, einen versöhnenden Schleier gebreitet. Sie ist im besten Sinne die liebevolle Gefährtin, später das treue Weib eines reichbegabten, aber üppigen und übermütigen Fürsten gewesen; er hat in ihrer klaren Seele sein besseres Selbst, seine edlere Kraft wiedergefunden zu einer Zeit, wo das zügellose Gespann seiner tollen Leidenschaften im Begriff war, mit ihm in den Abgrund zu rennen, und an ihrer Seite ist ihm, ohne all sein Verdienen, noch das Glück einer treuen, steten, herzlichen Liebe, einer friede- und freudevollen Häuslichkeit zuteil geworden.

Franziska Theresia von Bernerdin wurde am 10. Januar des Jahres 1748 geboren, als die Tochter des Herrn von Bernerdin, eines Freiherrn von altem Adel und sehr beschränktem Besitz, der das Schloß Adelmannsfelden unweit der fränkischen Grenze bei Aalen bewohnte, an dem er einen Anteil besaß.

Im Kreise schöner, begabter Schwestern, unter der Leitung einer guten, aber weltunerfahrenen Mutter, verlebte Franziska ihre Kindheit und erste Jugend in größter Zurückgezogenheit, so still, daß uns keine nähere Kunde von jener Zeit mehr übrig ist. Es geschah das Möglichste, den Töchtern eine gute, ihren Talenten angemessene Erziehung zu geben; der verderbliche Hauch leichter Sitten und französischer Üppigkeit, der damals durch die höheren Kreise der Gesellschaft wehte, drang nicht in das stille Asyl. „Es gab eine Zeit", schreibt Franziska in einem Brief aus späteren Tagen, „wo in dem Hause meiner Eltern mein Herz nur für die Tugend schlug." Der Segen einer rein und einfach verlebten Jugend hat sich an ihr nicht verleugnet. War er auch nicht stark genug, um sie fleckenlos zu erhalten in schwerer Versuchung, im Strudel einer vielfach verkehrten Zeit, so hat er ihr doch Kraft gegeben, sich über den Strudel zu erheben und zum Segen des Landes zu werden in einer Stellung, die Tausende vor ihr und nach ihr verderbt und zum Verderben gemacht hat.

Ihre Mutter war eine Frau von sanfter, trauriger Gemütsart, die schwer trug an der Sorge um die Zukunft ihrer Kinder und an der düstern, heftigen Natur des Gatten, der den Groll über den gesunkenen Zustand seines Hauses nie unterdrücken konnte. Als Beleg dafür, daß ein düsteres Verhängnis auf ihrer Familie ruhe, erzählte Frau von

Bernerdin eine Sage, die unter verschiedener Form sich öfter in herabgekommenen Geschlechtern hoher Abkunft findet.

„Als das Haus Bernerdin noch in Blüte stand, genoß eine Urahnfrau desselben besonderes Ansehen wegen ihres tatkräftigen Wesens und ihrer großen Einsicht in allem, was damals ins Gebiet einer erfahrenen Burgfrau gehörte. Besonders geschickt war sie in der Pflege der Kranken, und wo einer Frau ihr schweres Stündlein schlug, glaubte sie sich geborgen, wenn Frau von Bernerdin zugegen war. Da kam einst in tiefer Nacht ein junger Mann von feinem, fremdartigem Aussehen vor das Schloß und ließ die Edelfrau um Gotteswillen bitten, sie möchte ihm zu seiner Frau folgen. Die mitleidige Dame ging mit dem Fremden weite, unbekannte Wege, bis in ein einsames Haus am Berge, wo sie in einem seltsam und köstlich eingerichteten Zimmer eine wunderschöne, sehr junge und zarte Frau in schwerem Kampfe fand. Frau von Bernerdin stand ihr getreulich bei; ihre glückliche Hand bewährte sich wieder, und die junge Mutter durfte sich eines schönen Knäbleins freuen. Als sie der geheimnisvolle Fremde in der Nacht noch zurückbegleitete, gab er ihr als Zeichen seines Dankes eine fein gearbeitete Spindel von purem Gold. ‚Bewahre sie wohl', mahnte er sie; ‚so lange die Spindel im Besitz deines Hauses ist, wird Glück und Segen nicht von ihm weichen.' – Frau von Bernerdin hat das geheimnisvolle Ehepaar nicht mehr erblickt und nie erfahren, wer sie waren und woher sie gekommen sind; die Spindel aber ward als Heiligtum verwahrt und vererbt, auch blühte das Geschlecht im Segen, bis ein leichtsinniger Enkel der weisen Ahnfrau nicht nur sein väterliches Erbe vergeudete, sondern zuletzt das Kleinod, die goldene Spindel, verkaufte. Von da an war Glück und Segen von dem Hause gewichen, und keinem der Nachkommen gelang es mehr, sich zu heben."

So natürlich der Zusammenhang der verschleuderten Spindel mit dem Ruin des Hauses zu erklären war, so ließ sich doch Herr von Bernerdin nicht nehmen, daß eben damit ein geheimnisvolles, unabänderliches Verhängnis hereingebrochen sei.

Als später seiner Tochter Name von tausend Lippen mit Liebe und Segen genannt wurde, als aus ihrer milden Hand einem mißhandelten Lande Wohlfahrt und Gedeihen, ihrer eigenen Familie Glück und Ehre zufloß, – hätte er nicht glauben dürfen, die Spindel der Ahnfrau sei wieder gefunden und spinne goldene Fäden für sein Geschlecht? Aber er dachte nicht so, der alte stolze Freiherr. Nie hat er sich mit dem Weg versöhnt, auf dem seine Franziska zu dieser Höhe gestiegen, nie eine Gunst von seinem erlauchten Schwiegersohn angenommen: – es galt ihm alles nur als der Fluch der verlorenen Spindel.

Im Jahr 1765 reichte die siebzehnjährige Franziska dem Freiherrn von Leutrum, Bayreuthschen Kammerherrn, ihre Hand; ob gezwungen, ob durch kindliche Rücksicht für die Eltern und Geschwister bewogen, darüber hat sie sich nie ausgesprochen, aus Liebe geschah es in keinem Fall.

Friedrich Reinhard Freiherr von Leutrum, Erbherr auf Würm, Heydach, Liebeneck und Neipperg, geboren 1742, war von auffallend häßlicher Gestalt, so sehr, daß er oft zum Gespötte der Pforzheimer Straßenjugend wurde, wenn er am Fenster stand und sein unförmlich großer Kopf, der auf kleinem Rumpf mit breiten Schultern saß, kaum bis zum Gesims reichte. Daneben war er beschränkten Verstandes und, wie sich später erst zeigte, von heftiger, mißtrauischer Gemütsart. Aber – der Besitz stand zu jenen Zeiten nicht niedriger im Wert als in den unsrigen, die man die materiellen schilt, und die Werbung des begüterten Freiherrn galt als ein seltenes Glück für das arme Fräulein, die nicht einmal durch glänzende Schönheit den Mangel an Reichtum ausgleichen konnte. Dazu war Franziska heitern und lebenslustigen Sinnes und fühlte sich bedrückt in der trüben Lebensluft des Elternhauses, über dem des Vaters düstere Gemütsstimmung als beständige Wolke stand: sie sehnte sich nach Wechsel der Szene. Ihr lebendiger, regsamer Geist war sich der Kraft und Begabung zu reicherem Wirken bewußt; sie hoffte an der Seite eines angesehenen, begüterten Gatten dazu Gelegenheit zu finden, – es lag in ihrer Hand, den Eltern eine Sorge vom Herzen zu nehmen: so tat sie, jung und unerfahren, ohne ihr eigenes Herz und die Bedeutung der Ehe recht zu kennen, den Schritt, der so verhängnisvoll für sie werden sollte.

Wie sehr sich sich auch getäuscht fühlen mochte in ihren Erwartungen, was sie auch im stillen zu leiden hatte an der Seite eines Gatten, der gar nicht fähig war, ihren Wert zu verstehen und ihre junge Seele zu leiten, – sie klagte nicht, sie fügte sich in die Umstände so gut sie konnte, und ihre Ehe war, nach außen wenigstens, in den ersten Jahren eine friedliche und unbescholtene.

Im Jahr 1770 kam Herzog Karl Eugen von Württemberg auf der Durchreise nach Pforzheim. Unter dem Adel der Umgegend, der sich versammelte, um ihm seine Aufwartung zu machen, befand sich auch Herr von Leutrum mit seiner jungen Gemahlin.

Franziska war nach dem Urteil aller Zeitgenossen keine Schönheit im eigentlichen Sinn; ihr Mund war etwas groß, ihre Augen nicht schön gefärbt, ihre Züge nicht regelmäßig. Eine schlanke, graziöse Gestalt im rechten Ebenmaß, reiche blonde Haare, ein blendend weißer Teint und eine blühende Gesichtsfarbe waren alle ihre äußeren Reize. Aber es lag eine weibliche Anmut und Schmiegsamkeit, eine herzgewinnende Güte, feine Sitte und jugendliche Fröhlichkeit in ihrem Wesen, die auf alle, die ihr nahekamen, einen Zauber ausübten und auf den Herzog mit wunderbarer Schnelle wirkten.

Von all den schönen, hochbegabten Damen der Versammlung war es Frau von Leutrum, mit der er sich ausschließlich unterhielt und der er bald so auffallend seine Aufmerksamkeit zuwandte, daß es den Neid und die Verwunderung der Gesellschaft und die maßlose Eifersucht Herrn von Leutrums erregte.

Daß sich Franziska durch die Huldigung des Herzogs, die ihr harmlos schien, geschmeichelt fühlte, daß sie nichts tat, um ihn zurückzuschrekken, ist ihr vielleicht zu verzeihen. Er war jetzt noch, in seinem zweiundvierzigsten Jahre, ein schöner, stattlicher Mann, einer der schönsten Fürsten Europas, wie die Baronin Oberkirch in ihren Memoiren behauptet; von reichgebildetem Geist und hinreißender Liebenswürdigkeit. „Il avait tant d'esprit, et savait si bien s'en servir", rühmt dieselbe Dame. Er war ein Fürst, in Franziskas Augen noch mit all dem märchenhaften Nimbus der Herrscherwürde umgeben, und sie, das arme Fräulein, unbeachtet in der Dunkelheit beschränkter Verhältnisse erwachsen, das freudlose Weib eines ungeachteten Gatten: – war es ein Wunder, wenn schon die erste Annäherung überraschend, fast berauschend auf ihr junges, lebenswarmes Herz wirkte, das sich nicht klar und naturgemäß hatte entfalten können? – Sie selbst spricht sich in ihren späteren Briefen nicht ganz frei von dem Vorwurf, daß der Weg zu ihrem Herzen teilweise auch durch ihre geschmeichelte Eitelkeit ging. Doch war sie weit entfernt zu ahnen, wie nahe sie der Wendung ihres Geschicks stand, wie gefährlich es sei, von diesem Manne eine Huldigung anzunehmen. Herr von Leutrum, gereizt durch die augenfällige Aufmerksamkeit des Herzogs gegen seine Frau, noch gestachelt durch die Neckereien der Anwesenden, machte Franziska die plumpsten Vorwürfe, und als sie, noch ganz arglos, ihn mit einem Scherz begütigen wollte, vergaß er sich soweit, daß er ihr einen Schlag ins Gesicht gab.

Der Herzog, darüber wütend, wollte Franziska sogleich unter seinen Schutz nehmen. Die schwer gekränkte und zwiefach bedrängte Frau lehnte dies aber ab und willigte, um Aufsehen zu vermeiden, ein, sogleich mit ihrem Gemahl abzureisen.

Herzog Karl war aber nicht gesonnen, sie aufzugeben. Durchaus nicht skrupulös in der Wahl seiner Mittel, ließ er heimlich die Räder am Wagen des Herrn von Leutrum durchsägen. Dieser fuhr ab, unweit Pforzheim brach der Wagen; durch *wunderbaren Zufall* kam der Herzog unmittelbar hintendrein, nahm die betäubte und erschrockene Dame in seinen Wagen und ließ Herrn von Leutrum allein mit seiner ohnmächtigen Wut und seinem zerbrochenen Gefährt.

So erzählen einige die Geschichte dieser Entführung, über die freilich nur Privatquellen vorhanden sind. Andere behaupten, Herzog Karl habe die Dame, der er bei öftern Besuchen schon länger den Hof gemacht, aus ihrem eigenen Hause, vor den Augen ihres bestürzten Gemahls, entführt. Als ihn nämlich bei einem Besuch Herr und Frau von Leutrum vor die Türe begleiteten, habe nach vorhergegangener Ordre sein Leibheiduck Sigrist Franziska rasch und plötzlich in den Wagen des Herzogs gehoben, der in rasendem Galopp mit der Beute davonfuhr und den betrogenen Freiherrn vor der Türe stehenließ. – Welche Lesart die richtige ist, läßt sich nicht bestimmen; fast scheint die erstere noch etwas minder nachteilig für den Herzog als ein solch’ überdachter Mißbrauch des Gastrechts.

Soviel steht gewiß, daß von einer Verabredung, von einem Mitwissen Franziskas bei dieser Entführung durchaus keine Rede sein kann. Sie selbst wurde damit überrumpelt und soll sich in der ersten Zeit sehr unglücklich gefühlt haben. Welche Künste der Gewalt und Überredung angewendet worden, um die Stimme der Pflicht zum Schweigen zu bringen, nachdem das Herz schon gewonnen war, das ist nicht bekannt geworden.

Franziska blieb auf dem herzoglichen Schloß Solitude; die Wut des Herrn von Leutrum wurde durch Drohungen zum Schweigen gebracht, die Scheidung eingeleitet. Im Jahr 1772 wurde sie gerichtlich vollzogen. Franziska ward zur Gräfin von Hohenheim ernannt und blieb bei dem Herzog als seine Freundin und Gesellschafterin.

Es ist merkwürdig, daß sich unter all ihren Zeitgenossen nicht *eine* Stimme der Anklage, der Geringschätzung gegen Franziska erhebt. Freilich war es eine Zeit, in der viel geschehen war, um das feine Gefühl für Recht und Sitte abzustumpfen, eine Zeit, die den Großen der Erde fast noch die Vorrechte der alten Griechengötter zugestand. Doch hatte auch jene, wie jede verderbte Zeit, kräftige, lautere Seelen übriggelassen, die ungescheut die Stimme der Wahrheit hören ließen. Aber selbst die Besten ihrer Zeit sprechen mit Achtung und Anerkennung von Franziska. Der strenge württembergische Staatsmann, der in seinen „Geheimnissen" so unverhohlen die Mißbräuche in Herzog Karls Regierung verurteilt, rühmt diese Frau als einen Segen für Württemberg. Hermann August Niemeyer, der fromme, ernste Pädagog, erwähnt ihrer in seinen Reisen mit der wärmsten Teilnahme; Frauen der höchsten Stände von tadellosem Ruf mieden ihren Umgang nicht und senkten die Waffe vor der anspruchslosen Liebenswürdigkeit und dem weiblichen Adel, den Franziska auch in dieser zweideutigen Lebensstellung zu bewahren wußte. „Herzog Karl“, sagt die Baronin Oberkirch in ihren Memoiren, „hat allen Weibern den Hof gemacht, mit vielen das Leben genossen, – geliebt hat er nur *eine* ... Wenn etwas ein solches Verhältnis entschuldigen kann, so sind es die außerordentlichen Verdienste dieser Dame. Ihre Schönheit ist der geringste ihrer Vorzüge, sie liebte den Fürsten mit einer Hingebung und Uneigennützigkeit ohnegleichen.“

„Es steht mir nicht zu“, bemerkt sie später, „zu bestimmen, in wie weit die Stellung der Gräfin Hohenheim eine schiefe und delikate für ihre nächste Umgebung ist; so viel ist gewiß, daß die Achtung und Hingebung, mit der man ihr begegnete, jetzt schon die Weihe anzuerkennen schien, die ihre Verbindung erst später erhalten hat.“

So nachsichtig war *ihre* Zeit. Die Nachwelt sieht klarer und richtet schärfer. Anmut und Liebenswürdigkeit können ihren Blick nicht bestechen; selbst Franziskas treue, uneigennützige Liebe zu dem Herzog, ihr wohltätiges, segensreiches Wirken kann sie, in den Augen ihres Geschlechts wenigstens, nicht rechtfertigen. Aber es gibt eine Sühne, die in den Augen des Himmels selbst gültig ist, – das ist die Reue. In der Fülle ihres Glücks und Glanzes, angebetet von dem geliebten Manne, geschmeichelt, gepriesen und gesegnet von allen

Seiten, hat Franziska doch tief und schmerzlich die Schuld empfunden, die in ihrem Verhältnis zum Herzog lag. Sie hat dies wohl gegen niemand so offen ausgesprochen als gegen den oben erwähnten Doktor Niemeyer in den Briefen, die er nach ihrem Tode veröffentlichte und aus denen wir einige Stellen anführen wollen.

„Könnte, dürfte ich Ihnen nach so kurzer Bekanntschaft meine ganze Geschichte erzählen“, schreibt sie im Jahr 1783, „könnten Sie den Ernst und die Reue sehen, mit der ich darauf zurückblicke, Ihr Bedauern und Ihr Gebet würden mir nicht fehlen . . . Hätte ich in meinem sechzehnten Jahr, wo ich ohne Erfahrung, ohne Weltkenntnis, mir ganz allein überlassen, mit Szenen umgeben, die ich gar nicht kannte, in die Welt trat, – hätte ich da einen treuen, warnenden Freund zum Ratgeber gehabt, hätte seine Vernunft, sein Herz, seine Sittenreinheit mir Achtung eingeflößt, – gewiß, ich wäre besser geworden.“ Später schreibt sie von einem genußreichen Abend, den sie bei der Fürstin von Dessau in Lavaters Gesellschaft verlebt. „Unaussprechlich wurde ich durch die Versicherung gerührt, daß auch Sie meiner im Umgang mit so würdigen Menschen gedacht haben . . . hätte ich mich selbst in solcher Gesellschaft würdiger gefühlt, so wäre freilich der Genuß reiner gewesen, aber so, – doch ich will nicht klagen.“ – „Ich wußte ja wohl“, sagte sie noch, als sie Niemeyer ihre endliche Vermählung ankündigt, „daß vor Gott das Leben keines Sterblichen ganz unsträflich ist. Aber es bleibt doch ein großer Unterschied, ob Überraschung der Grund von Verirrungen war, oder ob der Fehltritt langsam geschah. Niemand weiß wohl besser als ich, was die Überredung der Leidenschaft nach und nach für eine Gewalt hat."

Was diesen innern Stachel, der sie nicht zu vollem Gefühl des Glückes gelangen ließ, der sie aber auch mild und demütig erhielt, am meisten schärfte, das war der unversöhnliche Groll ihres Vaters. In seinem finstern Trotz bedachte er nicht, daß doch auch er selbst einen Teil der Schuld trug, indem er seine Tochter in unerfahrener Jugend einem unwürdigen Gatten geopfert: – er brütete nur über der verletzten Ehre seines alten Hauses. Franziska ließ ihn einmal demütig bitten, er möge ihr nur vergönnen, auf seinen Schloßhof zu kommen, damit sie noch einmal sein Angesicht sehe. Seine Antwort war: „Ja, sie möge kommen; ich will dann ans Fenster treten und die ungeratene Tochter erschießen!"

Alle diese Dornen trug sie aber im stillen; klagen war ihre Sache nicht. Sie war keine La Vallière, die sich in Tränen verzehrte; sie war eine heitere, elastische Natur, voll des Triebes nach nützlichem Wirken, und in ihrer herzlichen Fröhlichkeit, die doch keinen Augenblick die Grenzen sanfter Weiblichkeit überschritt, lag wohl auch ein Teil des Zaubers, der den unbeständigen Herzog so unwandelbar an sie fesselte.

Der Herzog, auf den diese klare, liebevolle und feine Natur eine wunderbare Erneuerungskraft übte, quälte sich und sie nicht im mindesten mit Skrupeln. Für ihn war dies Verhältnis ein heiliges, im Vergleich mit seiner wilden Vergangenheit. Wie unbefangen er ihre Verbindung ansah, beweist ein Billett, das er, lange vor der Vermählung, Franziska an ihrem Namenstage schrieb und dessen Schluß lautet: „Lebe, Freundin, lebe der Tugend zur Zierde, der Menschheit zur Ehre, und Deinem Freunde zum echten Vergnügen. Lebe, Freundin, lebe, bis zum entferntesten Ziele, wo endlich Tugend jene über alles gehende Belohnungen erntet, die nur Edeldenkenden Deinesgleichen bestimmt sind!“

Er hatte die Genüsse der Leidenschaft, die sich keine Schranke setzt, bis zum Übermaß ausgekostet. Er war in seinem einundzwanzigsten Jahr der Gatte der Prinzessin von Bayreuth geworden, die ihm Staatsrücksichten zugeführt, die in seltener Schönheit, stolz, fremd und kalt, seiner feurigen Natur gegenüberstand und sich nach achtjähriger Ehe von ihm trennte, wozu ihr freilich die Gründe nicht fehlten.

Was ein gutes, treues, verständiges Weib einem Gatten sein kann, das hatte er nie erfahren. Bei Franziska fand er nicht nur weibliche Anmut und herzliche Liebe, er fand den lebendigsten Sinn für alles Schöne und Gute, feinen Geschmack und sichern Lebenstakt; er fand das warme, tiefeingehende Interesse für seinen Beruf, das dem klugen Rat aus sanftem Frauenmund immer eine gute Stätte verschafft, er fand ein Herz für sein Volk. In Lieb und Leid, in Ernst und Scherz, bei wichtigen Staatsangelegenheiten und bei den Genüssen der Kunst und Natur war sie ihm zur Seite als die freundliche, liebevolle Gefährtin, voll innigen Verständnisses für alles, was ihn bewegte.

Darum hat sie auch einen tiefgehenden und segensreichen Einfluß geübt, wie es wenigen Frauen vergönnt war. Fast als ein Wunder steht die Umkehr und Änderung dieses Fürsten in der Geschichte. Sein üppiger, prachtvoller Hofhalt verschwand; er begann jetzt erst die einfache Wahrheit zu begreifen, daß sein Volk nicht nur Pflichten gegen ihn, sondern heilige Rechte auf ihn habe, die er bisher oft freventlich verletzt. Im Februar 1778 erließ er jene denkwürdige Erklärung an sein Volk, in der er die bisherigen Fehler seiner Regierung bekannte und seinen Untertanen eine bessere Zukunft verhieß.

Daß er darin zugibt: „Maßen wir aber Mensch seynd, und unter diesem Wort von dem so vorzüglichen Grade der Vollkommenheit beständig weit entfernt geblieben . . . so hat es nicht anders seyn können etc. etc.“ ist zwar ein sehr mäßiges Zugeständnis, aber dennoch bleibt das ganze Bekenntnis eine Tat innerer Kraft für einen Fürsten im vollen Besitz seiner Macht. Das Volk begann wieder ein Herz zu fassen zu seinem Fürsten und erkannte auch hierin den Einfluß seiner guten und wahrhaften Gefährtin, wenn auch die unbestreitbare Wahrheit „maßen wir aber Mensch seynd etc.“ in dem spätern Leben des Herzogs noch oft genug zutage kam.

Der Herzog tat, was er konnte, seinem Franzele zu Lieb und zu Ehren. Für sie baute er das Schloß Hohenheim aus, das im Jahr 1768 schon begonnen war, das aber erst unter Franziskas Augen mit der Pracht und dem Geschmack vollendet wurde, die es zu einem kleinen Wunder der damaligen Zeit machten. Hier, unter den wunderbarlichen Tempeln, Kapellen und Denkmalen aller Zeiten und Völker, in den traumhaft schönen Wintergärten, wo man inmitten des Winters wie im Frühling lustwandeln konnte unter prächtigen Blumen und den bunten Bogen üppig blühender Gesträuche, hier verlebte er die meiste Zeit mit ihr in idyllischer Zurückgezogenheit. An die Stelle der orientalischen Prunkfeste traten ländliche Vergnügungen, und mit Stolz zeigte Karl seinen Gästen die neue Schöpfung und die anmutige Herrin derselben.

Umgeben von der Üppigkeit des Hofes, vergöttert von dem Herzog, der zum Beispiel, um ihr einmal auf einen Hofball die feinsten Atlasschuhe zu verschaffen, einen Kurier mit unterlegten Pferden nach Wien schickte, also daß dort die gesamte Diplomatie in Alarm geriet, blieb Franziska doch einfach in ihrem Geschmack und ihren Gewohnheiten. Nichts weniger als weichlich, war sie gegen Kälte, Zugluft und schnellen Temperaturwechsel sehr abgehärtet und gestattete fast nie, daß ihr Schlafzimmer geheizt wurde. Sie schlief am liebsten in einem ganz schmalen, niedrigen Bette, war in Speise und Trank sehr mäßig und genoß in spätern Jahren nichts als einen Kinderbrei zum Frühstück und als Dessert nur etwas Obst. Persönliche Bedienung nahm sie nur an, soweit es ihr Rang und die unsinnigen Moden damaliger Zeit durchaus erforderten.

Wie sie mit herzgewinnender Güte verstand, sich den Ärmsten zu nähern, ihnen ihre kleinen Bedürfnisse und Leiden abzufragen, um helfen zu können, so fehlte ihr auch in andern Kreisen der feine Takt angeborenen Adels nicht, der ihr den Höchsten gegenüber ihre Stellung sicherte.

Die oben erwähnte Baronin Oberkirch war im Jahr 1780 mit dem Großfürsten Paul und seiner Gemahlin am württembergischen Hofe. Sie spricht mit hoher Anerkennung von der Gräfin von Hohenheim, und gewiß wird das Zeugnis einer Frau und einer Dame hohen Standes von unbeflecktem Ruf für ein unparteiisches gelten können.

„Was die Gräfin auszeichnet", schreibt sie unter anderem, „ist eine edle, seltene Einfachheit. Die vorzüglichen Eigenschaften ihres Herzens, ihr Geist und ihre umfassende Bildung stellen sie höher als die Mehrzahl der deutschen Frauen, deren Erziehung doch durchgängig eine vortreffliche ist. Sie liebt und pflegt die Künste und würde gerne aus Stuttgart ein neues Athen gemacht haben. Der Herzog liebt sie mit einer treuen und uneigennützigen Liebe... Wir gingen andern Tages zum Diner nach Hohenheim, wo die Gräfin von Hohenheim ihre Gäste mit dem feinsten, vollendetsten Takt empfing. Sie wußte ihren Platz zu behaupten und anderen den rechten einzuräumen. Sie zeigte sich dankbar für die ihr erwiesene Ehre, ohne darüber erstaunt zu sein... Die Gräfin selbst führte die Großfürstin, nachdem diese sie darum gebeten hatte, und nichts konnte angenehmer sein, als ihre Unterhaltung ohne Pedanterie, ohne erkünstelte Bescheidenheit, – gerade so wie sie sein sollte."

Die kühlsten und nüchternsten Stimmen ihrer Zeit vereinen sich in Anerkennung ihres inneren

Wertes und ihrer Liebenswürdigkeit: „Es waren nicht die sehr mittelmäßigen Reize ihres Körpers“, sagt der schon erwähnte württembergische Staatsmann, „wodurch diese Dame den Herzog gefesselt hatte, sondern ihr gebildeter Verstand, ihre angenehmen Sitten und die Geschmeidigkeit, womit sie sich seinen Launen anzuschmiegen wußte, und denen sie sehr geschickt das Gepräge der liebenswürdigsten weiblichen Tugenden aufdrückte.“

Darin liegt nun freilich ein versteckter Vorwurf, der mir aber ein ungerechter scheint; denn wenn dies Gepräge der liebenswürdigsten Tugenden ein ganzes langes Leben durch im Wechsel der verschiedensten Schicksale aushält, so muß der Stoff ein echter und guter gewesen sein.

Aufs lebendigste interessierte sich Franziska für die Hohe Karlsschule, das edelste Steckenpferd des Herzogs. Sie besuchte sie fast täglich mit ihm, wohnte in seiner Gesellschaft den Deklamatorien und theatralischen Aufführungen der Zöglinge bei, ermutigte durch ihren freundlichen Anteil die jungen Leute und wußte mit ihrer sanften, klugen Weise die üble Laune des Herzogs über kleine Vergehen der Schüler zu mildern.

Selbst jugendlich und heiter, sympathisierte sie mit der Jugend, und da sie dazu noch die einzige Dame war, die die klösterlichen Räume dieser geistigen Bildungsanstalt betrat, eine anmutige, reizende Dame dazu, so war es kein Wunder, wenn sie von den Zöglingen leidenschaftlich verehrt wurde.

Schiller namentlich, der erste Juwel der Karlsschule, soll ein begeisterter Verehrer Franziskas gewesen sein; auch sie, wie es scheint, erkannte besser als der Herzog seine Bedeutung und nahm ihn unter besondere Protektion. Sie hatte ihn aufgefordert, eine Geschichte Württembergs zu schreiben, und das Manuskript einer solchen fand sich in Franziskas Nachlaß; es war von Schiller im Jahr 1778 geschrieben und mit einem prachtvollen allegorischen Titelblatt geziert, das von andern Zöglingen gemalt war. Außer dieser Arbeit fanden sich unter Franziskas Papieren einige Gedichte Schillers an sie, in denen er mit dem maßlosen Feuer seiner ersten Jugendergüsse seine Verehrung für die hohe Dame ausdrückt.

„Sie ist der Dürft'gen Trost, sie gibt der Blöße Kleider,
Dem Durste gibt sie Trank, dem Hunger Brot,
Die Traurigen macht schon ihr Anblick heiter
Und scheucht vom Krankenlager weg den Tod.
. . .
So wandelt sie dahin auf Rosenpfaden;
Ihr Leben ist die schönste Harmonie,
Umglänzt von tausend tugendsamen Taten:
Seht die belohnte Tugend – Sie!“

Außer diesem und einem ähnlichen, noch schwungvolleren Gedichte teilt A. von Keller in einer Einladung zur Schillerjubelfeier auch den Entwurf zu den Inschriften mit, den Schiller für ein

Hoffest gemacht, ganz im Geschmack jenes Zeitalters der Inschriften und Freundschaftstempel.

Über die Pforte: „So tun sich Ihr alle Herzen auf.“ Im Tempel: „Wo Franziska hineintritt, wird ein Tempel.“ „Tugend und Grazien wetteiferten sich selbst zu übertreffen, und Franziska ward!“ „Die Tugend wollte geliebt sein und nahm ihr Bildnis an.“ etc.

Diese Sprache jugendlicher Überschwenglichkeit beweist vielleicht nicht viel; doch ist an eine aufrichtige Verehrung Franziskas dabei zu glauben, und etwas liegt darin, das uns nachsichtig stimmen muß gegen das Kind einer Zeit, in der sie, die *Freundin* eines Fürsten, öffentlich so gepriesen werden konnte.

Auf ihren Reisen mit dem Herzog machte sich Franziska mit auswärtigen Erziehungsanstalten bekannt, setzte sich mit Gelehrten andrer Länder in Briefwechsel, um tüchtige Lehrer für die Schulen zu gewinnen, und damit das weibliche Geschlecht nicht in seinem Anteil an Geistesbildung verkürzt werde, gründete sie eine Ecole des Demoiselles.

Fast zu bekannt, um ihrer noch zu erwähnen, ist die Anekdote, daß Herzog Karl einst, als er mit Franziska die Karlsschule besuchte, einen Zögling wegen grober Fehler tüchtig ausschalt und zuletzt fragte: „Was tät' Er sagen, wenn Er der Herzog wäre und ich der Wolzogen?“ – „Ich würd sagen“, entgegnete der Gescholtene, „komm her, Franzel, laß den dummen Kerl stehen!“

Neben dem Feensitz in Hohenheim besaß die Gräfin noch ein Haus in der Stadt, das die Baronin

Oberkirch schildert als „ein wahres Schatzkästlein, mit seltener Kunst und unerhörtem Reichtum ausgeschmückt“. Am glücklichsten machte sie der Herzog durch schöne Reisen, hauptsächlich in die Schweiz, die er mit ihr unternahm. Da vergaß sie wohl am leichtesten den scharfen Dorn in den Rosen ihres Glücks und träumte sich als das, was sie im Herzen längst war: das treue liebende Weib eines glücklichen Gatten.

Endlich sollte ihr auch dieser Stachel aus der Seele genommen werden. Da der Herzog katholisch war, hatte er, solange seine geschiedene Gattin lebte, nicht an Wiederverheiratung denken können. Im Jahre 1780 starb Friederike von Bayreuth. Aber die Vermählung wurde aus Staatsrücksichten immer wieder hinausgeschoben, bis endlich, am 10. Januar 1785, Franziska dem Fürsten angetraut und sie im Februar 1786 zur regierenden Herzogin erklärt wurde. Rührend ist der Ausdruck ihrer Freude darüber in ihrem Briefe an Niemeyer:

„Ich eile Ihnen zu melden, daß durch die Gnade des Herzogs in meiner öffentlichen Anerkennung und Erhebung zu seiner Gemahlin endlich das so lang gegebene Ärgernis, wie ich wenigstens hoffe, in den Augen der Welt sein Ende erreicht hat. Wohl haben Sie mich oft bei der immer wiederkehrenden schmerzlichen Empfindung über mein früheres Verhältnis zu beruhigen gesucht, aber das Gefühl der Schuld wollte mich nie ganz verlassen ... Je mehr Menschen auf mich sahen, desto strafbarer erschien ich mir. Sie fühlen gewiß mit mir, wie drückend der Gedanke blieb, und wie gerecht meine Tränen noch jetzt darüber fließen, auch nur einem Menschen zum Anstoß geworden zu sein. Für diesen Schmerz gibt es eigentlich keinen ausreichenden Trost, keine völlige Beruhigung. Ich finde indes eine Erleichterung darin, mein Gefühl laut werden zu lassen, ob es mich wohl zuweilen hat gereuen wollen . . . Erbitten Sie mir von Gott die Kraft, auch in dem höheren Wirkungskreis noch so viel Gutes als möglich zu tun. Es ist mein ernster Wille, dadurch auch im Lande gut zu machen, was ich im Lande verschuldet habe.

Franziska, Herzogin in Württemberg."

Der Herzog zeigte seine Vermählung der Landschaft an, die ihm Glück dazu wünschte und sowohl ihm als der Herzogin ein Hochzeitsgeschenk von je zweihundert Louisdor machte. Der Herzog gab seinen Teil dem Waisenhaus für Soldatenkinder zu Ludwigsburg, die Herzogin verwendete den ihrigen zu milden Stiftungen an verschiedene arme Gemeinden im Lande.

Nun der stille, schwere Druck von Franziskas Seele genommen war, nun sie sich mit freier Stirn zeigen durfte als das rechtmäßige Weib des geliebten Mannes, lebte sie erst recht auf in all der natürlichen Heiterkeit, der frischen, lebendigen Regsamkeit ihres Wesens. Ihr feiner Geschmack, ihre vielseitige Bildung befähigten sie vollkommen, in all die edleren Liebhabereien des Herzogs mit vollem Interesse einzugehen.

Mehr als zuvor noch war sie die Genossin seiner Freuden, die Teilnehmerin seiner Regentensorgen, seine sanfte, kluge Ratgeberin und unermüdete Pflegerin. Von ganzer Seele freute sie sich des schönen Vorrechts, eine Wohltäterin der Armen, eine Beschützerin der Unterdrückten zu sein.

Welcher Segen auf Franziskas wohltätiger Hand ruhte, zeigt uns eine früher schon in den Baseler Sammlungen veröffentlichte liebliche Geschichte aus dem Leben einer verwitweten Pfarrerin.

In Schorndorf lebte die Witwe des Pfarrers Sch., der in R., in der Nähe von Hohenheim, schon öfter Beweise von Franziskas Güte und Freundlichkeit erfahren hatte, in großer Dürftigkeit. In einem sehr kalten Winter war sie einmal in dringendster Not, die sie jedoch niemand als dem Herrn klagte. Als sie unter bittern Tränen endlich eingeschlafen war, träumte ihr, daß ihr verstorbener Gatte zu ihr trete und ihr sage: „Schlage nur die Stelle in meiner Bibel auf (die er ihr nach Kapitel und Vers bezeichnete), du wirst da ein Goldstück finden." Beim Erwachen erinnerte sich die Witwe der Stelle; sie schlug sie auf und fand kein Gold, wohl aber einen Spruch, der einen besondern Trost für bedrängte Witwen enthielt. „Das ist besser als Gold", dachte die etwas getröstete Frau, doch nicht ohne einen leisen Seufzer. In diesem Augenblick trat ein Bote ein, der ihr einen eigenhändigen Brief der neuvermählten Herzogin Franziska brachte, dem diese, obwohl durch niemand von ihrer Not unterrichtet, einen Dukaten beigeschlossen hatte. Der Brief, der noch als Heiligtum in der Familie aufbewahrt wird, lautet:

„Meine liebe Frau Pfarrerin! Erinnern Sie sich auch noch Ihrer alten Nachbarin? Wenigstens will ich durch eine Kleinigkeit, die ich Ihnen hiermit überschicke, beweisen, daß ich noch Ihre nämliche teilnehmende Freundin bin, wie da, wo wir noch näher beisammen wohnten; und ist Ihnen das Zeugnis, daß mir Ihr Wohlergehen, Ihre Zufriedenheit nicht gleichgültig ist, so schreiben Sie mir, wie Sie leben, was Sie mit Ihrer ganzen Familie machen und versichern sich aller guten Wünsche, sowie der wahren Ergebenheit Ihrer,

meine liebe Frau Pfarrerin,

wohl affektionierten Franziska."

Von der Hand der Witwe ist diesem Brief ein Blättchen beigefügt mit den Worten: „Gott, der Vergelter jeder guten Handlung, wolle ihr mit ewigem Segen vergelten, was sie auch uns Gutes erwiesen hat!"

Früher schon, als die Familie noch in ihrer Nähe lebte, hatte Franziska auf die zarteste Weise kleinen Verlegenheiten abzuhelfen gesucht. In einer Krankheit des Pfarrers, die sie zufällig erfuhr, schreibt sie der Pfarrfrau ihr herzliches Bedauern und fügt bei: „Hiermit überschicke ich ein wenig Himbeersaft, vielleicht nimmt solchen der Herr Pfarrer gern mit Wasser vermischt zu sich. Ich weiß auch, daß man nicht immer bares Geld im Vorrat hat, und daß Sie solches, dem Herrn Pfarrer Gutes zu tun, doch brauchen könnten; also schließe ich eine Kleinigkeit bei und wünsche, daß

Gott den Herrn Pfarrer wieder möchte vollkommen gesund werden lassen." In einer ganzen Reihe von Briefen an diese Frau zeigt die Herzogin, daß sie in jeder Lage die innige, rein menschliche Teilnahme, das zarte Verständnis für die Zustände und die Gefühle anderer bewahrt hat.

Ihr Vater hatte ihre Erhebung zur Herzogin nicht mehr erlebt. Die Mutter, deren Herz längst bei dem Kinde geweilt, vermochte nach seinem Tode keinen Groll mehr zu bewahren, und mit unaussprechlicher Freude durfte sie Franziska bei sich empfangen. Der Herzog behandelte seine Frau Schwiegermutter mit allem schuldigen Respekt und stellte sich gut mit ihr. Sie willigte endlich ein, als Geschenk des Schwiegersohns das Schlößchen in Oberensingen bei Nürtingen zum Witwensitz anzunehmen und bewohnte es bis zu ihrem Tode. Und doch betrachtete sie den Glanz und das Glück der Tochter stets mit einer gewissen Scheu, – auch sie konnte den Weg nicht vergessen, der dazu geführt. Sie nannte sie nie „die Herzogin", nur „meine Tochter von Hohenheim"; sie war nicht zu bewegen, ihren Wohnsitz in Stuttgart zu nehmen, ja, sie fuhr nie in einem Hofwagen, sondern besuchte die Tochter nur in einer besonderen Mietkutsche. Als einst Herzog Karl mit glänzendem Gefolge zu einer Jagd in der Nähe von Nürtingen ritt, rief ihm ein Kutscher aus dieser Stadt zutraulich zu: „Euer Durchlaucht, d' Schwieger hab i gestern gut heimgebracht!"

Franziskas Schwestern, schön und begabt wie sie, verheirateten sich alle standesgemäß – man sagt der guten Herzogin nach, sie habe überhaupt eine große Freude am Heiratstiften gehabt –, und sie versorgte sie glänzend in ihrer Nähe. Diese Fürsorge für ihre Verwandten ist fast der einzige indirekte Tadel, den der gestrenge württembergische Staatsmann gegen sie aufbringt. „Freilich“, sagt er, „versorgte sie ihre Familie mit den einträglichsten Ämtern“, aber fügt er selbst hinzu, „doch erdreiste sich niemand, deshalb einen Stein auf sie zu werfen; er sei denn gewiß, daß er in ihrer Lage nicht auch das nämliche getan hätte. Diese Dame hat im ganzen sehr große Verdienste um Württemberg.“ Ich möchte wohl wissen, ob er es edler gefunden hätte, wenn sie ihre Familien vergessen und in der Dunkelheit gelassen hätte!

Ihre und des Herzogs gegenseitige Liebe, die an Herzlichkeit und steter Innigkeit immer den Charakter ehelicher Liebe getragen hatte, wurde nicht abgekühlt durch das volle Recht des Besitzes.

Justinus Kerner teilt in seinem „Bilderbuch“ ein Billett mit, das der Herzog aus Kirchheim am Neckar an seine Gemahlin schrieb, und das ich mir nicht versagen kann, hier wiederzugeben:

„Herzallerliebstes Franzele! Schon der Anfang meiner Fahrt war sehr angenehm, um vier Uhr bin ich hier angekommen und habe bis diesen Augenblick einen fatiguanten Augenschein eingenommen. Jetzo stehen dreißig Personen vor meinem Tisch, um einen Vergleich womöglich zu erzielen, welches noch lange dauern wird; doch werde ich mein möglichstes tun, um nicht gar zu spät zu kommen. Aber ich lasse nicht nach bis verglichen ist, ich kann fast nicht mehr reden. Aber schönstes

Weible! das Wichtigste! Hast Du mich auch gern? Ich habe hundertmal an Dich gedacht, auch daß Du meine Geduld belohnen würdest. Adieu, Engel! Ich küsse Dich tausendmal in Gedanken und bin von Herzen Dein bis in den Tod.

Der regierenden Herzogin
Meiner allerliebsten Frau in Stuttgart."

Franziska kleidete sich mit dem Geschmack, der ihr eigen war, mehr zierlich als prächtig, übrigens aber ganz nach den Forderungen der damaligen Mode. Justinus Kerner erinnert sich ihrer noch „in weitem Reifrock mit schlanker Taille, hoher, gepuderter Frisur, auf der hoch oben eine gelbe Schleife wie ein Kanarienvogel saß". Uns scheint das freilich nicht sonderlich geschmackvoll; doch unsere jungen Damen, die sich gern in Rokoko maskieren, wissen wohl, daß ein hübsches Gesicht nichts verliert bei der gepuderten Frisur, und wer weiß, ob ein späteres Geschlecht nicht am Ende die hohe Frisur der Herzogin samt Kanarienvogelschleife noch hübscher findet als Coiffuren unserer Tage, die mit falsch unterlegten Scheiteln den menschlichen Kopf zur doppelten Breite ausbauchen oder mit großer Kunst eine viereckige Kopfform zustandebringen.

Die Liebe des gutmütigen Volks, das unter einer besseren, gerechteren, wenn auch lange noch nicht tadelfreien Regierung neu auflebte, wandte sich wieder in vollem Maße dem angestammten Herrscher zu, der freilich, wie wenige, die Gabe der Popularität besaß, die bei einem Regenten in den Augen des Volkes so vieles bedecken kann. Das häusliche Glück des Herrscherpaares wirkte wohltuend und erwärmend in alle Kreise der Gesellschaft; der Herzog und sein Franzele, die fast unzertrennlich waren, wurden, wo sie zusammen sich zeigten, wohlbekannte, hochwillkommene Erscheinungen, die mit Jubel begrüßt wurden und jetzt noch beim Volke in freundlichem Andenken stehen.

Aber nicht lange durfte Franziska dies ungetrübte Glück genießen. Das Geschick forderte seine Sühne. Es hatte ihr die Mutterfreuden versagt; es führte sie, viel früher als sie gedacht, von dem Glanze des Thrones in die stille Witwenkammer. Nach langer, beschwerlicher Krankheit und einem schweren Kampfe, in dem er die Bitterkeit und den ganzen furchtbaren Ernst des Todes empfinden mußte, starb Herzog Karl am 24. Oktober 1793, sieben Jahre nach Franziskas Ernennung zur Herzogin, zu Hohenheim in ihren Armen.

Dieser schwere Wendepunkt im Leben einer Frau ist gewiß am schwersten für eine Fürstin, bei welcher der Wechsel der äußeren Lage ein so ungeheurer ist. Es war Franziska nicht vergönnt, ihren geliebten Herrn im Frieden zu beweinen. Noch solange der Herzog tot auf seinem Sterbebette lag, wurden in den Nebenzimmern Tapeten herabgerissen und alle Schränke versiegelt, „auf Befehl Serenissimi", wie man sagte; höchst wahrscheinlich aber auf Befehl unverschämter Hofherrn, die sich der neuen Sonne zuwandten.

Franziska, die in der letzten Zeit Tag und Nacht an dem Schmerzenslager ihres Gatten zugebracht, mußte sich von dem Hofgesinde die Öffnung eines

Schranks mit *ihrer* Garderobe *erbetteln,* nur um Wäsche wechseln zu können. Sie fügte sich mit Würde und Sanftmut darein; ihr Leid war zu tief, als daß sie sich über Äußerlichkeiten hätte betrüben können. Später, scheint es, hat der Regent besser eingesehen, was er der edlen Witwe eines berühmten Vorgängers schuldig war. Es wurde ihr das Schloß in Kirchheim unter Teck als Witwensitz angewiesen; sie zog in aller Stille ein und lebte dort als „eine rechte Witwe" dem Andenken ihres lieben Karls in den Übungen der Wohltätigkeit und einer anspruchslosen Frömmigkeit. Die Sommermonate verbrachte sie in dem Schlosse zu Sindlingen.

Sie bildete ihren Hofhalt zunächst aus ihren Schwestern und Verwandten, dann aus hohem und niederem Adel verschiedener Art. Ihre große Güte und Wohltätigkeit zog auch blutarme adelige Familien nach, und die kleine Stadt Kirchheim erhielt durch dies adelige Element eine eigentümliche Färbung. Daß die Frau Herzogin wirklich einen zahlreichen, ihrem Rang angemessenen Hofhalt besaß, zeigt ein Auszug des Hof- und Staatshandbuchs vom Jahre 1809, wonach sie noch achtundfünfzig Personen zu Diensten hatte, unter denen sich, außer einem Hofkavalier, zwei Hofdamen und zwei Hoffräulein finden, ferner ein Wittumsrat, der aus vier Beamten bestand, auch ein Hoffourier, ein Kaffeesieder, zwei Vorreiter, nebst anderem uns entbehrlich dünkendem Gesinde, das sich die sonst einfache Frau wohl nur im Gefühl ihrer nun berechtigten Würde gefallen ließ.

Die Trauergewänder um ihren seligen Herrn legte sie nie mehr ab. Die Schleppkleider von schwarzer oder grauer Seide, das Witwenhäubchen, aus dem ihre blonden Löckchen hervorsahen, ließen sie älter erscheinen, als sie war, hoben aber ihre feine weiße Farbe und die fürstliche Anmut ihrer Gestalt vorteilhaft hervor.

Wie sie immer frommen Sinnes gewesen war, so beschäftigte sie sich jetzt mehr und mehr mit ernsten Dingen. Die Schriften Jakob Böhmes übten große Anziehungskraft auf sie, sie studierte sie mit großem Eifer und ließ sich gern darüber belehren. Auch für den bekannten Mystiker Michael Hahn interessierte sich Franziska aufs lebhafteste. Wegen seiner Erbauungsstunden und der vielfachen Bewegung, welche sie hervorriefen, wurde der fromme Eiferer vielfach vor geistliche und weltliche Gerichte gestellt. Herzogin Franziska gab ihm ein Asyl, indem sie ihn als untergeordneten Verwalter auf ihr Gut in Sindlingen berief, wo er bis zu seinem Tode unangefochten blieb und unter ihrem Schutze seine Versammlungen hielt, seine Schriften ausarbeitete und die eigentümlichen Lieder dichtete, deren unendliche Länge wir ebenso bedauern, als wir den Reichtum und die Feinheit der Gedanken darin bewundern müssen.

Auch mit der Brüdergemeine in Herrnhut lebte sie in den letzten Jahren in lebhaftem Verkehr. Übrigens hat sie ihre Frömmigkeit nie zur Schau getragen oder ihrer Umgebung aufgenötigt; sie blieb anspruchslos, heiter und liebenswürdig und zeigte sich nicht als eine Heldin, aber als eine gute und liebenswerte Dame, selbst in den Augen ihrer Kammerfrauen.

König Friedrich, der dritte Nachfolger Herzog Karls, behandelte sie mit aller Rücksicht; sie erschien aber nie mehr bei Hofe, strebte nie mehr nach der vergangenen Herrlichkeit zurück, noch weniger nach einem Einfluß auf öffentliche Angelegenheiten. Sie fügte sich ohne Bitterkeit in das natürliche Los einer gefallenen Größe, da und dort übersehen und vergessen zu werden; aber sie freute sich herzlich jedes Zeichens von Beachtung und Anhänglichkeit. Als sie einst durch Cannstatt fuhr, wurde sie von den dortigen Beamten ehrfurchtsvoll begrüßt und junge Mädchen überreichten ihr feierlich die ersten frühreifen Trauben. Sie war darüber sehr erfreut und gerührt; „solcher Attention sind wir nicht mehr gewöhnt", sagte sie mit wehmütigem Lächeln.

An ihrem kleinen Hofe, in dem Kreise, dessen Sonne sie war, hielt sie aber auf fürstliche Etikette neben all ihrer natürlichen Güte und Freundlichkeit. Sie zeigte sich selten anders als im Wagen von vier behäbigen Schimmeln gezogen, von einem Läufer und Heiducken begleitet, und bei den Gesellschaften, zu denen sie nicht nur den Adel, sondern auch die bürgerlichen Honoratioren des Städtchens einlud, konnte man über der liebenswürdigen Wirtin nie die Frau Herzogin vergessen.

Die angeborene Frische und Heiterkeit ihres Wesens verließen sie auch in späteren Jahren nie. Sie umgab sich gern mit der Jugend, besonders liebte sie es, verwaiste adelige Fräulein aufzunehmen und sie zu erziehen. Ihre höchste Freude soll gewesen sein, wenn sie ihre Schützlinge zuletzt noch glücklich unter die Haube bringen konnte. Über einen alten, ledigen, seltsamen Herrn von Bauz aus Sachsen soll sie sehr ungehalten worden sein, weil sich derselbe zwei Winter hindurch an ihrem Hofe fetieren ließ und dann doch schnöderweise wieder ledig davonging.

Obgleich sie dem fürstlichen Prunk entsagt hatte, so blieb ihr doch die Freude am Schaffen und Bauen. Sie liebte es sehr, wenn auch in bescheidenstem Maße, unter eigener Aufsicht kleine Bauten ausführen zu lassen. So ließ sie sich im Schlosse zu Kirchheim zwei Zimmer bauen und einrichten, deren Tapeten mit Blumen und grünem Gebüsch bemalt waren, zum Ersatz für den feenhaften Wintergarten, der ihr zu Hohenheim im Januar den Frühling hergezaubert hatte.

Auch ohne Musik konnte sie nicht leben. An der Stelle der weltberühmten Kapelle des Herzogs hielt sie zwei Hofmusiker. Wenn sie Besuch hatte, so gab sie mit Hinzufügung der Kirchheimer Stadtmusikanten Konzerte, kleine Bälle für ihre Gäste und den Adel des Städtchens. Wenn die Herrschaften dann geendet hatten, wurde der geschmückte Saal der Dienerschaft geöffnet, welche nun ihren Nachball halten durfte, dem die Frau Herzogin mit herzlichem Ergötzen zusah.

Kinder liebte sie vor allem, und ihr Bild als das einer freundlichen Fee hat sich viel jungen Herzchen eingeprägt. Gar oft nahm sie ein paar kleine Lieblinge zu sich in den Wagen; an Ostern wurde in den grünen Büschen des Schloßgartens eine reichliche bunte Bescherung für die glückliche

Jugend verborgen; auch einigemal des Jahres sandte die Herzogin den gallonierten Hoflakaien, um die Honoratiorenkinder des Städtchens einzuladen, und solche Einladungen waren ein unvergeßliches Fest für die Kleinen.

Mit welch ehrfurchtsvollen Schauern zogen sie durch die Gänge des Schlosses bis zu dem Staatszimmer, wo sie die Frau Herzogin empfing! Es war Etikette, den Rock der Dame zu küssen, aber sie verhinderte dies immer durch einen Kuß auf den Mund. Das Gespräch bestand aus einigen freundlichen Fragen und schüchternen Antworten, zuletzt aber überreichte eine Kammerfrau der Herzogin ein Kästchen mit vielen Fächern, aus dem sie den Kindern zierliche Geschenke: goldene Kreuzchen, Ohrenglöckchen, gläserne Herzchen etc. verteilte, worauf sie die kleine Schar zum Spiel in den schönen Schloßgarten entließ.

Am Geburtsfest der Frau Herzogin zogen sie dann in besonderem Staat ins Schloß, um mühsam erlernte französische Gratulationsgedichte zu deklamieren. Sie wurden immer mit der gleichen Güte und Freundlichkeit aufgenommen, wenn auch einmal die schüchterne Ludovike steckenblieb, als sie „qu'elle vive“ rufen und dazu mit der Hand nach den Wolken fahren sollte. Stadtschreibers Lotte war herzhafter und deklamierte siegreich ihr Gedicht durch, wofür sie extra mit einem goldenen Kettlein honoriert wurde.

Franziska hatte sich durch lange Jahre einer blühenden Gesundheit erfreut; kleine Leiden und Beschwerden verbarg sie, da sie nie liebte, daß viel

Umstände mit ihrer Person gemacht würden. Erst im März 1810 berief sie ihren Leibarzt, den nachmaligen Professor Eschenmayer, um ihn wegen eines beschwerlichen und schmerzhaften Unterleibsleidens zu befragen. Aber alle verordneten Mittel brachten keine Erleichterung.

Allzugroßes Vertrauen setzte die Herzogin nicht in die Macht der ärztlichen Kunst. Sie glaubte fest, daß ihr Lebensziel von jeher bestimmt und festgesteckt sei und daß ärztliche Hilfe nur Linderung ihrer Schmerzen bringen könne. Deshalb gebrauchte sie auch schmerzstillende Mittel viel häufiger, als die Ärzte für gut fanden, und auch verlangte sie von diesen immer nur Linderung der Schmerzen und wollte das übrige der Natur überlassen.

Ihre Leiden wurden aber so beschwerlich, daß sie sich im Sommer 1810 entschloß, nach Karlsbad zu reisen. Der Arzt in Karlsbad wies sie an einen Doktor Stark in Jena. Von Jena reiste sie, da man das Übel immer bedenklicher fand, nach Leipzig; von dort wurde sie an einen erfahrenen alten Arzt in Dresden gewiesen. Von Dresden ging die müde Frau nach Herrnhut, wo sie einige Wochen ruhte und einen alten Doktor Schwertner brauchte, der ihr Übel für minder gefährlich hielt.

Nur langsam konnte sie von da zurückreisen und mußte in Nürnberg mehrere Tage verweilen. Sie berief dort den bekannten Doktor von Hoven, um sich mit ihm über ihre Zustände zu beraten. Der Arzt erkannte ihr Übel als ein unheilbares und konnte ihr nur Palliativmittel verordnen. Da ihr diese aber Erleichterung gewährten, so verweilte sie länger in Nürnberg und hoffte, noch hergestellt zu werden. Doktor von Hoven war ein ehemaliger Zögling der Karlsakademie, und die Herzogin lebte auf, wenn sie sich im Gespräch mit ihm in die alten Zeiten zurückversetzen konnte; er mußte täglich mit ihr speisen, und sie war unerschöpflich in immer neuen Reminiszenzen, die ihr aus diesen Tagen ihres Glücks kamen.

Vom September bis November hatte sie in Nürnberg verweilt. König Friedrich, der gestrenge Herr, bemerkte – weiß nicht aus welchen Gründen – sehr mißfällig den langen Aufenthalt der Herzogin im Ausland; Doktor von Hoven erhielt den Auftrag, sie zur Rückkehr zu bewegen, und sie entschloß sich dazu ohne Schwierigkeit. König Friedrich schickte ihr seinen eigenen Leibmedikus, Doktor Klein, bis Ulm entgegen, der sie zurückbegleitete und sich mit ihrem Arzt über die Krankheit beriet.

Am 6. Dezember kehrte die kranke und reisemüde Frau in ihr liebes Kirchheim zurück. Ihre Umgebung, von der sie mit großer Freude wieder empfangen wurde, fand die Frau Herzogin viel besser aussehend, als sie gefürchtet; sie selbst verhielt sich still zu den vielen lauten Freudenbezeugungen ihres kleinen Hofes und ihrer getreuen Stadt.

Sie hatte sich in den letzten Jahren viel mit dem Gedanken an den Tod beschäftigt und war damit vertraut. Sie hatte früher den sehnlichen Wunsch geäußert, dereinst an der Seite ihres geliebten Karls begraben zu werden; aber sie fürchtete, es werde ihr, als einer nicht Ebenbürtigen, eine Stelle in der fürstlichen Gruft versagt werden und war zu bescheiden, um darum nachzusuchen. So bat sie denn, lange vor ihrem Tode, daß man sie einst in der Kirche zu Kirchheim beisetzen möge.

Während ihrer ganzen Krankheit blieb sie anspruchslos und bedürfnislos, wie sie immer gewesen; mit äußerster Anstrengung leistete sie sich selbst alle Dienste, die sie für andere lästig oder beschwerlich hielt, und beharrte trotz aller Bitten darauf, bis es die zunehmende Schwäche ihr unmöglich machte. Noch bis in die letzten Tage widmete sie den ganzen Morgen bei geschlossenem Zimmer in tiefer Stille frommen Betrachtungen, der Lektüre religiöser Bücher, und öffnete ihre Türe nicht vor zwei Uhr dem ersten ärztlichen Besuch; auch in Herrnhut hatte sie immer, solange es ihre Kraft gestattete, dem Gottesdienst und Abendmahl beigewohnt.

Sie wollte nicht zugeben, daß jemand bei ihr wache und verlangte noch in der letzten Nacht, daß außer ihrem Leibarzt niemand bei ihr bleiben solle. So gefaßt sie längst auf ihren Tod war, so glaubte sie ihr Ende doch nicht so nahe und sprach immer eine eigentümliche Furcht vor dem Neujahrstag aus: „Ich scheue mich vor der Unruhe und der Bewegung der vielen Gratulationen“, sagte sie oft.

Sie hatte das nicht mehr zu fürchten. Am Morgen des Neujahrstags 1811 verschied sie sanft, ergeben und freudig, in demütigem Glauben und seliger Hoffnung. Sie wurde am 6. Januar in der Kirche zu Kirchheim beigesetzt in einer dazu eigens gemauerten Gruft, tief und aufrichtig betrauert von allen, die ihr nahegestanden. Was sie gefehlt, das sei der ewigen Barmherzigkeit zur Sühne anheimgegeben, auf die sie allein Vertrauen gesetzt; auf Erden ist es gesühnt worden durch den Segen des dankbaren Landes, dem sie ein guter Engel gewesen ist.

Der Maler

„Die alten Häuser von Kirchheim" konnte Ottilie Wildermuth so lebhaft schildern, weil ihr Großvater Christian Friedrich Scholl (1757–1837) dort eine Zeitlang Klostervogt gewesen war und ihr viel von dem bescheidenen Witwensitz der Herzogin Franziska erzählt hatte – und von Jakob Friedrich Weckherlin (1761–1814), der in dieser Geschichtenfolge als „Maler" auftritt. Er stammte aus Urach, besuchte von 1772 bis 1785 die Karlsschule und führte dann zahllose Porträtaufträge aus. Den Klostervogt Scholl und seine Frau Dorothea geb. Müller (1767–1817) malte er im Jahr 1803; die Bilder sind wie alle Arbeiten Weckherlins nicht signiert, was darauf hindeutet, daß er sich nicht als Künstler empfand, sondern seine Tätigkeit eher handwerksmäßig betrieb.

Wie viel gebetene und ungebetene Gäste auch das Kloster [in Kirchheim] heimsuchten, ein Zimmer wurde stets freigehalten und blieb sogar bei den hohen Wasch- und Putzfesten verschont: des Malers Stube. – Der Maler war so recht der Stammgast des Hauses; man wußte fast nicht mehr, wann er zuerst gekommen war. Seine Ankunft wurde stets ohne Zeremonie angekündigt durch einen großen, langen Korb, der, mit einem Tuche bedeckt, sein Malergerät enthielt. Seine übrige fahrende Habe war leicht transportabel, da sich seine Garderobe mehr durch Qualität als durch Quantität auszeichnete. – Der Maler, der in der Residenz eine bescheidene Mietwohnung innehatte, war den größten Teil des Jahrs der Gast irgendeiner befreundeten Familie, um diese und die ganze Umgegend mit den Produkten seiner Kunst zu beglücken.

Er machte eine recht anständige Figur, der Maler; er war nicht groß, aber wohlgeformt und abgerundet, jederzeit höchst proper und zierlich gekleidet, in Frack, Schuhen und seidenen Strümpfen, die er eigenhändig zu stopfen pflegte. Somit machte er in seinem Äußeren keinen Anspruch auf Genialität. Wie würde er sich entsetzt haben, wenn ihm ein Kunstgenosse aus unsern Tagen zu Gesicht gekommen wäre, mit Waldungen von Schnurr-, Backen- und Knebelbärten, einer Haarwildnis und einem Paar düstern, rollenden Augen, während ihn ein Stäubchen auf den blankgewichsten Schuhen unglücklich machen konnte. Nur in einem Stück erhob sich sein Künstlergeschmack über die Herrschaft der Mode: inmitten des Zeitalters der Zöpfe und Zöpfchen, Buckeln und Haarbeutel, Puderköpfe und Perükken trug er unverändert seine eigenen, halblang geschnittenen Haare, wodurch er sich noch in spätern Jahren ein gewisses jugendliches Aussehen erhielt.

Im Kloster war er daheim wie im eigenen Hause. Er kommandierte die Mägde, die seiner unendlichen Pünktlichkeit nie Genüge tun konnten, er schulte die Kinder herum, ohne die Vermittlung der elterlichen Oberbehörde zu suchen, er kritisierte die Speisen und machte den Küchenzettel, denn er war ein ziemlicher Gourmand und hatte Kenntnisse in der Kochkunst, die die selige Verfasserin des schwäbischen Kochbuchs beschämt hätten. Wegen all dieser Eingriffe in ihr Gebiet lebte er denn auch in beständigem kleinen Krieg mit der Großmutter, obgleich sie es von Herzen gut mit ihm meinte und er großen Respekt vor ihr hatte. Desto besser stand er mit dem Großvater, mit dem er immer zu kleinen Schutz- und Trutzbündnissen gegen die Frauenwelt verbunden war.

Der Beginn seiner Laufbahn war ein sehr vielversprechender gewesen, insofern sie, wie die so vieler großer Männer, zu allerunterst angefangen hatte. Er war der Sohn eines armen Kupferschmieds in Urach. Karl, Herzog zu Württemberg, bemerkte die wunderschöne Stimme des Buben, als er zufällig durch die Stadt ritt. Äußerst begierig, jedes aufkeimende Talent in seiner Akademie zu hegen, welches Treibhaus damals in der Blüte seines Gedeihens stand, nahm er den Knaben alsbald in die Anstalt auf. Die Singstimme bildete sich mit der Entwicklung des Knaben nicht so glänzend aus, als man gehofft, dagegen schien bei ihm Geschmack und Talent für die Malerei vorherrschend zu sein. Der Herzog, der sich sonst fast göttliche Rechte anmaßte und wenn nicht die Herzen, so doch den Willen und die Gaben der Menschen lenken wollte wie Wasserbäche, ließ diesmal einen Menschen seinen eigenen Weg gehen. Zu viel scheint er sich nie vom Maler versprochen zu haben, denn er verlor ihn aus dem Auge und tat nichts dafür, sein Talent durch Reisen und dergleichen zu heben. – Der Maler hat auch die Akademie keineswegs als großer Künstler verlassen; er hat sich nicht einmal in Versuchen höher als zum Porträt aufgeschwungen, und es schien nicht, als ob er seine Kunst für etwas anderes ansehe, als für einen recht anständigen Nahrungszweig. Seine Bilder haben aber fast alle den Vorzug großer Treue. Aufs Idealisieren ließ er sich höchst selten ein; seine Porträts sind keine vergeistigte Wiedergabe der Natur, wohl aber eine genaue Kopie derselben, und die Warze auf der Nase des Herrn Stadtschreibers durfte so wenig wegbleiben, als der kleine Auswuchs am Halse der Frau Dekanin, obgleich diese solche Treue sehr übel vermerkte. Er war unermüdet fleißig, und da er sehr wohlfeil malte und daneben ein angenehmer Hausgenosse war, so läßt sich erklären, wie in jener sparsamen Zeit ganze Generationen sich durch seinen Pinsel verewigen ließen. Durch ganz Schwaben, das Land auf und ab, finden sich in Zimmern oder Rumpelkammern noch Bilder, die ohne Malerzeichen unverkennbar den Stempel seiner Hand tragen.

Die Familie im Kloster malte er in allen Formaten und Lebensaltern, rotwangige Kinder, Jungfrauen mit kurzer Taille und Spickelkleidern, Papa, Mama und Großmama. Die Großmutter wollte mit ihren Bildnissen nie zufrieden sein, sie wäre gern hübscher gewesen und hätte eine kleinere Nase gewünscht. Doch wie gesagt, Verschönern war nicht des Malers Sache. Er behandelte die Rockknöpfe und Halskrausen gerade mit derselben Aufmerksamkeit wie das „gesegnete

Menschenantlitz" und fühlte sich noch geschmeichelt, als die Magd bei einem seiner Porträts nichts zu bewundern wußte, als: „Ach, wie sind des Herrn Buchhalters Weste so gut getroffen!" Für Schönheit hatte er aber doch ein lebendiges Auge und war ein großer Freund und platonischer Verehrer des schönen Geschlechts. Unter seinen zahlreichen Freundinnen hatte er immer noch besonders bevorzugte, die er mit Auszeichnung „meine Auguste", „meine Karoline" nannte; nie aber hörte man, daß seine Vorliebe auch in jungen Jahren den Grad einer ruhigen, freundschaftlichen Zuneigung überschritten hätte. Diese seine Erwählten pflegte er dann auch unentgeltlich und sogar in etwas idealer Gestalt zu malen, etwa mit einem Blumenkranz oder nach damaligem Zeitgeschmack mit fliegenden Haaren an einem Altare stehend. Solche Bilder stehen auch wirklich in Auffassung und Ausführung ziemlich über seinen übrigen.

Ein lästiger Gast wurde der Maler nie, obgleich er ein sehr dauerhafter war. Ohne seiner Würde zu vergeben, machte er sich nützlich durch allerlei kleine häusliche Dienstleistungen, zu denen er eine geschickte Hand hatte. Er malte nicht, wie ein moderner Maler, nur in einem absonderlich zubereiteten Atelier, in dem er aufgesucht werden muß. Was er bedurfte an Licht und Schatten, das war durch einen geschlossenen Fensterladen, durch einen aufgezogenen Vorhang leicht hervorgebracht, und so zog er denn mit seiner Staffelei und seinem Korb in jedes Haus, wo er eben malte, und war den ganzen Tag über der Gast desselben.

Dadurch trat er mit den Gegenständen seiner Darstellung in ein recht vertrautes gemütliches Verhältnis, was gewiß viel zu dem natürlichen, hausbackenen Charakter seiner Bilder beitrug, die gar nicht expreß liebenswürdige oder schalkhafte Gesichter machen wie die Porträts in unsern Kunstausstellungen. – Alle, auch die mechanischen Verrichtungen, die zu seiner Kunst gehörten, vollbrachte er allein; im Hof grundierte er seine Leinwand, rieb selbst seine Farben und brauchte so keine Art von Gehilfen.

Er war ein recht unterhaltender Gesellschafter und widmete sich unermüdet in Abendunterhaltungen im Familienkreis durch Vorlesen, durch Gesang – seine Stimme war immer noch schön –, durch Teilnahme an dem damals im Schwange gehenden Pfänderspiele. Hatte ihn die Karlsakademie nicht zum großen Manne gemacht, so hatte sie ihm doch eine zugleich feine und gründliche Bildung mitgeteilt, so daß sein Umgang wirklich von Wert für die Jugend war, zumal in einem Landstädtchen, dessen Schulunterricht sich nicht weit übers Buchstabieren und Dividieren erhob. Nur trug die gute Großmutter Sorge, ob er nicht den jungen Leuten etwas von den freigeistigen Ansichten mitteilte, die er, wie so viele seiner Zeit, als notwendiges Erfordernis feiner Bildung und als Zeichen eines guten Kopfes sich angeeignet hatte. Sein im Grunde doch heimatloses Leben, das ihm tiefere Erregungen ferne hielt, war es wohl auch, was das Glaubensbedürfnis in seiner Seele nicht recht erwachen ließ. – Dieser Mangel an innerer Glaubens- und Lebenswärme ließ nun auch Raum in seiner Seele für einen stillen Trübsinn, der ihn bei der heitersten Außenseite mit zunehmenden Jahren beschlich. Seine Sehkraft fing an abzunehmen, mit den Augen verfiel sein einziges Unterhaltsmittel, und für die Zukunft hatte er nie vorgesorgt. Er hatte kein geniales Künstlerleben geführt, nicht in *einer* tollen Champagnernacht lange Hungertage zu vergessen gesucht, aber ein anständiger Wohlstand, ein gewisser Komfort in Nahrung und Kleidung war ihm Bedürfnis. Dabei hatte er eine freigebige Hand, sowohl ein Scherflein der Armut, als auch ein Ehrengeschenk der Freundschaft zu bieten. Der Notpfennig für die alten Tage fehlte ihm, und seinem ehrenhaften Sinn widerstrebte es, sich als unnützes Mitglied in der Gesellschaft von fremder Milde erhalten zu lassen. Ganz im stillen mochte ihn wohl auch schmerzlich das Bewußtsein erfüllen, daß er nur in dem Vorhof seiner herrlichen Kunst stehengeblieben und nie in ihr Heiligtum eingedrungen war. – So sah er bei kräftigem Körper mit den verdunkelten Augen in eine öde Zukunft. Zu *der* Höhe des Bewußtseins konnte er sich nicht erheben, sich als Kind des großen Vaterhauses, als Diener des unendlich reichen Hausherrn zu fühlen, in dessen Dienst *keine* Hand müßig gehen darf, wenn wir nur zu verstehen wissen, zu welchem Werke er uns wirbt.

In des Malers sonst so ruhiger Seele reifte ein Entschluß, den niemand bei dem heitern, gleichmütigen Manne vermutet hätte. Er beschloß, sein Leben selbst zu enden. Ganz im verborgnen, anscheinend mit vollkommener Seelenruhe, bereitete er die Ausführung des dunklen Gedankens vor und brachte alle seine zeitlichen Angelegenheiten in Ordnung mit der skrupulösen Pünktlichkeit, die lebenslänglich ein Charakterzug an ihm gewesen war. – Aber nie wurde wohl der eigenmächtige Beschluß eines Menschenwillens in so wunderbarer und trauriger Weise verhindert und befördert zugleich, als der Vorsatz des Malers.

Er war schon längere Zeit vom Hause des Großvaters fern gewesen, als eines Tages statt des erwarteten Korbs ein Brief von ihm kam nebst seiner goldenen Taschenuhr. Neben sonst ganz gleichgültigem Inhalt des Briefes bat er den Großvater, die Uhr als Vergütung für ein kleines Darlehen anzunehmen. Der Großvater war ärgerlich und gekränkt über dieses Verfahren eines Freundes, den er nie gemahnt hatte; noch aber stieg keine Ahnung des wirklichen Grundes in ihm auf. – Wenige Tage nachher kam ihm die Kunde zu, daß in Berg am Neckarufer ein fast unkenntlicher Leichnam gefunden worden sei. Jetzt erst ging ihm ein Licht auf über das Geschick seines unglücklichen Freundes. Er eilte hin und erkannte die durch schwere Wunden und langes Liegen im Wasser sehr entstellte Leiche weniger an den Zügen, als an des Malers Lieblingsdose, die sich noch bei ihm fand. Aber ein dunkles Rätsel schien auf dem Tode des Mannes zu liegen. Daß er beabsichtigte, sich selbst zu töten, das stellte sich durch tausend kleine Umstände seiner letzten Lebenstage unzweifelhaft heraus, und doch trug die Leiche Wunden, die ebensowenig durch seine eigene Hand als durch das Umhertreiben des Körpers im

Wasser entstanden sein konnten. Woher nun diese? Der Maler war der friedfertigste Mensch von der Welt gewesen; wer konnte seiner eigenen Hand auf solche Weise vorgegriffen haben?

Erst einer Untersuchung späterer Jahre, die aus ganz andern Gründen geführt wurde, war es vorbehalten, dieses Geheimnis ans Licht zu ziehen. – Es lebte in der Nähe von B. ein Wirt, der eine so wunderbare Ähnlichkeit mit dem Maler hatte, daß er oft mit ihm verwechselt wurde, so wenig sonst Verwandtes war zwischen dem anständigen, gesitteten Maler und dem rohen, jähzornigen Wirt. Dieser hatte wenige Tage vor dem Ende des Malers mit ein paar Schiffern von H., gleichfalls rohen und wüsten Gesellen, einen heftigen Streit gehabt, der damit endete, daß er sie zum Haus hinauswerfen ließ, worauf sie ihm blutige Rache schworen. – Am Morgen des Tages, wo der Maler vor Sonnenaufgang hinausging, um sich selbst zu Grabe zu tragen, traf er am Neckarstrand die Schiffer, die mit wilder Gier auf ihn, als den vermeinten Gegenstand ihres wütenden Hasses, losstürzten. Ob sie in ihrer Wut nicht achteten, was sie über ihren Irrtum hätte belehren können, ob der Maler, froh, daß ihm die *eigene* Tat erspart war, sich selbst enthielt, sie zu enttäuschen, das weiß niemand. So ist dem friedlichen Künstler ein dunkles und blutiges Ende geworden. Möge er einen milden Richter gefunden haben an dem, der Herzen und Nieren prüft und der nicht gewollt, daß ihn der *eigene* Schritt vor der Zeit zum Tode führen sollte!

In der Familie des Klosters ward ihm ein freundliches Andenken bewahrt, und in manchem schwäbischen Hause wird bei diesem Umriß, der Wahrheit gibt, keine Dichtung, die Erinnerung an den gemütlichen heimischen Künstler wieder aufleben.

Die drei Zöpfe

„Bilder aus einer bürgerlichen Familiengalerie" heißt die Reihe, in die Ottilie Wildermuth ihre Geschichte von den drei ungleichen Brüdern einordnete. Obwohl sie Heinrich, Gottlieb und Christian als ihre drei Urgroßonkel ausgibt, dürfte diese Konstellation ein Produkt ihrer Phantasie sein: Vorbilder sind jedenfalls nicht nachweisbar.

„Es gibt unterschiedliche Zöpfe." Das wurde auch die selige Ururgroßmutter mit Staunen gewahr, als ihre drei Buben, die man allesamt bei einem auswärtigen Präzeptor untergebracht hatte, der besonders berühmt in der Dressur war, in der ersten Vakanz nach Hause kamen. – Hatte sie doch alle drei vor der Abreise eigenhändig gewaschen und gestrählt, eigenhändig ihre widerspenstigen Haare mit Puder, Talg und Wachs behandelt, bis sie nach hinten gestrichen und dort zu einem steifen Zopf vereinigt waren, mit einem nagelneuen schwarzen Florettband umwunden, so daß sie der Garde des Königs Friedrich Ehre gemacht hätten, wie sie abzogen, gleich gekleidet in glänzenden gestreiften Eternell, und die Zöpfe auf ihren Rücken tanzten.

Ja, es gibt unterschiedliche Zöpfe; wie verschieden sahen die Buben jetzt aus! Der älteste, der Heinrich, der gar ein hübscher Bursch war und allzeit gern den Herrn spielte, der hatte sich nimmer mit dem simplen Zopf nach väterlicher Weise begnügt, sondern er hatte extra ein paar Buckeln vorn, die gar zierlich ins Gesicht standen, und an dem Zopf noch eine besondere Schleife mit flatterndem Band als Zierat; so hatte er's bei der Suite eines durchreisenden Fürsten gesehen, und so hatte er's mit der Hilfe von Präzeptors Heinrike zustande gebracht. Christian, der jüngste, machte mit seinem dünnen Schwänzlein keine solche Prätentionen, das war nach wie vor säuberlich nach hinten gestrichen, nur das florettseidene Band hatte er an den Heinrich verhandelt und statt dessen ein altes Sackband mit Tinte schwarz gefärbt und damit den Zopf umwickelt. Der zweite aber, der dickbackige Gottlieb, der allezeit das Bequeme liebte, der hatte die Haare nur oben zusammengebunden und ließ sie nach unten frei, wie er solch fliegendes Haar schon bei Leichenbegleitungen gesehen; er meinte, so tue sich's auch. Was hatte die gute Mama für eine Not, bis sie die drei Zöpfe wieder zurechtgesalbt und in den normalen Zustand gebracht hatte! Auch gab man den Buben am Schluß der Ferien ein Geleitschreiben an die Frau Präzeptorin mit, worin dieselbe höflich ersucht wurde, doch auch auf die Zöpfe der ihr anvertrauten Jugend zu achten und sie nimmer in so skandalösem Zustand nach Haus zu schicken.

Ob die Zöpfe von nun an in Ordnung geblieben sind, das weiß ich nicht; so viel aber weiß ich, daß jene Vakanzzöpfe bereits den künftigen Charakter der Buben vorbildlich darstellten. Der Heinrich, der war und blieb der Elegant; der Christian kümmerte sich just nicht darum, ob sein Zöpfchen dick oder dünn, in Florettseide oder in Sackband gewickelt war, wenn er nur sonst sein Schäfchen ins Trockene brachte; der Gottlieb aber, der wollte nichts als es guthaben auf der Welt, und weil's einmal ohne Zopf nicht ging, so wollte er sich den seinen wenigstens so bequem machen als möglich. Wenn der Herr Pate jedem der Buben einen Marktgroschen verehrte, so durfte man gewiß sein, daß sich Heinrich eine unechte Stecknadel und Gottlieb eine Wurst kaufte, der Christian hingegen steckte den seinigen in einen Sparhafen, einen irdenen von der sinnreichen Sorte, die nur ein Öffnung oben hat und die man zerschlagen muß, wenn man den Inhalt wiederhaben will.

Mit stattlich gediehenen Zöpfen wurden die herangewachsenen Knaben zur bestimmten Zeit nacheinander auf die Universität spediert, um allda ihre Studien zu vollenden. Heinrich und Christian kamen ins berühmte Stift, allwo jede honette Familie wenigstens einen Sprößling haben mußte; der Gottlieb hatte eigentlich seine Laufbahn durch verschiedene Schreibstuben gemacht, sollte aber doch noch die gemeinen Rechte und etwas Humaniora studieren, um für ein städtisches Amt tauglich zu werden.

Die Zöpfe haben sie mitgenommen und redlich wieder heimgebracht. Keiner ist gewichen aus dem Gleis der angestammten Zucht und Sitte, wenn es auch da und dort kleine Abschweifungen gab. Heinrich war ein sehr strebsamer Geist, aber trotz seiner Begabung brachte er es zum Jammer von

Papa und Mama niemals zum Primus. Er trieb allezeit Nebenstudien, Italienisch, Französisch, Heraldik und andere Allotria und verletzte wo er konnte die heilige Stiftsordnung, um mit etlichen „Jungen von Adel“ Jagdpartien und Fechtübungen mitzumachen, und nur seiner Rednergabe und, wie die böse Welt sagt, den auserlesenen Weinproben in Fäßchen, mit denen der Papa die Herren Professoren beehrte, hatte er's zu danken, daß er noch mit Ehren seine theologischen Studien absolvierte und nicht mit dem Kainszeichen eines hinausgeworfenen Stiftlers durch die Welt schweifen mußte.

Gottlieb, der band sich seinen Zopf bequem, er studierte soviel ihm zuträglich, aß und trank soviel ihm schmeckte, ohne es in beiden Stücken zu übertreiben. Sooft die regelmäßige Geldsendung vom Papa ankam (der alte Herr hielt streng auf feste Termine, obwohl er die Söhne nicht knapp hielt), schaffte sich Heinrich eine brodierte Weste, ein zierliches Cachet oder irgend sonst einen Artikel an, mit dem er, trotz der strengen Kleiderordnung, die den Stiftlern Kutten vorschrieb, in seinen adeligen Zirkeln Staat machen konnte, oder reichte es die Miete für ein Reitpferd oder ein weltliches Buch. Der Gottlieb aber, der lud seine Brüder zu einem Abendessen ein, wobei drei fette Enten verspeist und in edlem Uhlbacher des Papas Gesundheit getrunken wurde; er lachte dabei den Christian herzlich aus, der sich die Schlegel und Flügel der Ente fein säuberlich in ein Papier wikkelte, um noch etliche Tage daran zu zehren. Sein Geld hatte Christian sorgsam verwahrt zu spärlichstem Gebrauch; er hatte seit seinen Knabenjahren bereits den dritten Sparhafen so weit gefüllt, daß nichts mehr hinunterfiel; unversehrt standen sie mit ihren dicken Bäuchen in einem geheimen Schiebfach seines Pults und lachten ihn mit ihren schiefen Mäulern an. Aber den Zopf behielt er bei und auch das Florettband; seine äußere Erscheinung blieb jederzeit anständig, wenn sie gleich immer dünner und spitziger wurde.

„Es gibt unterschiedliche Zöpfe." Das zeigt sich klärlich, wenn man die Bildnisse der drei Urgroßonkel aus ihren reifen Jahren betrachtet. Da ist zuvörderst der Heinrich, der hübsche Mann mit den feingeschnittenen Zügen, dessen Zopf als eleganter Haarbeutel schalkhaft zwischen den schön geordneten Buckeln hervorblickt. Der feine dunkle Rock ist mit einem Orden geschmückt, und nur ein Paar zierliche Priesterkräglein bezeichnen noch den Theologen; mit spitzen Fingern nimmt er eben eine Prise aus der goldenen Tabatiere mit einem vornehmen Bildnis in seiner Hand und schaut lächelnd nach dem fürstlichen Lustschloß, das seitwärts durch ein Fenster zu sehen ist.

Der Heinrich war immer ein etwas leichtes Blut; der Westwind, der von jeher so viel Unsamen von Frankreich zu uns herüberwehte, hat ihn besonders stark angehaucht und gar manchmal war er nahe daran gewesen, des respektablen Namens seiner Väter unwert zu werden. Er hatte es verschmäht, als ehrbarer Vikarius unter den Fittichen des Papas sich zum gleichen Beruf vorzubereiten; seine hübsche Gestalt, seine feinen Manieren und die französische Sprachkenntnis hatten ihm eine glänzende Stelle als Hofmeister von zwei jungen Prinzen verschafft. Dieser Beruf führte ihn an fremde Höfe, in Bäder mit Spielbanken, in die Salons schöner Damen, ebenso viele Klippen für den welt- und lebenslustigen jungen Mann, und gar manche Kalypso hätte den Mentor beinahe eher als seine Telemachs festgehalten. Aber der solide Geist des Vaterhauses, die Zucht der gestrengen Mutterhand, die ihm den ersten Zopf gebunden, hatten ihn nie ganz im Stiche gelassen, und er trug jetzt seinen Haarbeutel mit Ehren als wohlbestallter Oberkonsistorialrat. So war er nun der Stolz und der Glanz der Familie, der Herr Pate von allen Neffen, Nichten, Großnichten und Geschwisterkindskindern; seinen Eltern wurde bei den damaligen Reiseschwierigkeiten nur einmal die Freude, ihn zu besuchen, aber dieser Besuch und die huldvolle Audienz bei den allerhöchsten Herrschaften blieben auch die Lichtpunkte ihrer Erinnerungen. Ich wollte euch nun gern die Details aus dem Leben des Heinrich schildern, die zierlichen Unterhaltungen, die er mit der Frau Fürstin und dero hochfrisierten Hofdamen gepflogen, die geheimen diplomatischen Sendungen, mit denen ihn der durchlauchtigste Herr beehrt hat, die französischen Lustspiele, die ihm die Hofsitte, unbeschadet seiner geistlichen Würde, zu dirigieren gestattet hatte; aber ich muß die Ausmalung solcher Szenen denen überlassen, die mehr daheim sind auf den Parkettböden der Hofsäle als ich.

Nun aber betrachtet Onkel Gottliebs Bild und sagt, ob euch dabei nicht das Herz lacht, wie er dasitzt, mit vergnüglichem Lächeln auf seinem wohlhäbigen breiten Gesicht, den schön geschliffenen Kelch mit funkelndem Wein in der Hand, während ein Aktenstoß zur Seite und das Rathaus im Hintergrund ihn als städtischen Beamten bezeichnen. Was hätte die Mama, die es nimmer erlebt hat, wie er Bürgermeister der guten Stadt H. wurde, was hätte sie für eine Freude, wenn sie sähe, wie er jetzt so guten Muts den dicken stattlichen Zopf den Rücken hinunterhängen läßt, von dem er sich nun nicht mehr beengt fühlt. Er hatte es auch nicht nötig, sich etwas beengen zu lassen; es war ihm nach seines Herzens Wunsch ergangen, er konnte sich und andern das Leben leicht machen. Wie behaglich schaute einem schon von weitem seine Behausung auf dem Markt entgegen, mit dem blankpolierten Türschlosse, den spiegelhellen Scheiben, durch die man reichbefranste Vorhänge sah. Da war alles Fülle und Wohlbehagen, die gastliche Tafel des Herrn Bürgermeisters war weit berühmt in Stadt und Land. Er ließ sich niemals mit ausländischen Produkten ein: Austern, Kaviar und Champagner wurden in dem soliden schwäbischen Hause vermißt, aber alle guten Landeskinder, delikate Spargeln, feine Pflaumen und Aprikosen, Krebse, Forellen und Aale, auserlesene Trauben und reine Landweine von den edelsten Jahrgängen zierten die Tafel und erfreuten der Menschen Herz. Der Hühnerhof nährte Geflügel aller Art, Kapaunen, welsche und deutsche Hühner, Tauben und Gänse, die jederzeit bereit waren, ihr Leben im Dienste der Menschheit zu verhauchen. Es war kein Wunder, wenn angesichts dieser Herrlichkeit ein Bäuerlein meinte: wenn er der preußisch König wär, er tät sich nicht lang plagen mit dem Krieg, sondern zusehen, ob er nicht auch so ein „Deinstle“ bekommen könnte.

Auch der jüngste, der Christian, war zu Ehren und Würden gekommen; auf seinem Bildnis hat ihn der Maler mit großen Buchstaben als Seine Hochwürden den Herrn Spezial M. bezeichnet. Besagtes Bildnis wurde ursprünglich auf Kosten des Stiftungsrats für die Sakristei im Akkord gemalt, den Mann à zwei Gulden, und ist daher kein künstlerisches Meisterstück, doch soll es vortrefflich getroffen sein.

Demnach ist der Onkel Spezial just keine beauté gewesen, erstaunlich lang und schmal, sein Gesicht hat die gelbliche Farbe und die spitzen Linien, wie man sie vorzugsweise bei Leuten findet, die für „ziemlich genau“ (ein milder Ausdruck für geizig) gelten; sogar der Zopf entspricht dem übrigen, er ist auffallend lang, dünn und spitz.

Ich habe es noch nicht herausgebracht, ob die Leute oft reich werden, weil sie geizig sind, oder geizig werden, weil sie reich sind; es wäre eine logische Aufgabe fürs philosophische Examen.

Bei dem Onkel Spezial schien beides in angenehmer Wechselwirkung zu stehen; reich war er unbestritten, und geizig ebenso gewiß, soweit sich solches mit Anstand und Schicklichkeit vertrug. Das Zehentwesen hatte er bei seinem Vater daheim recht gründlich studiert und soweit war er, bei seiner natürlichen Begabung zum Sparen, vortrefflich befähigt zum Betrieb auch der materiellen Seite des Dekanatamtes. Übrigens ging er im

Erwerben und Sparen niemals so weit, daß er seinem geistlichen Ansehen geschadet hätte, „der Zopf, der hing stets hinten". Die große Liberalität des Bruders Gottlieb war ihm ein Greuel; war er doch sicher, wenigstens zwanzigmal des Jahrs bei den jeweiligen Visitationen einen ausgesuchten Schmaus zu genießen, woran die Frau mit den lieben Kleinen auch Anteil nahm und wovon jedesmal eine vollgepackte Schachtel mit Viktualien, gar oft noch ein Schinken, ein Säckchen dürres Obst oder ein gefüllter Schmalzhafen bei der Heimfahrt in die Chaise gepackt wurde. Da jede Frau Pfarrerin die beste Köchin sein wollte, so waren diese Schmausereien so reichlich, daß man gar lange aus der Erinnerung zehren und sich daheim mit Gemüs und Kartoffeln behelfen konnte.

Ein Spezial war damals noch eine ganz andere Respektsperson als heutzutage; den Pfarrern lag sehr viel daran, in Gunst bei dem hochwürdigen Herrn zu bleiben, damit ein günstiges Zeugnis dem Bericht ans Konsistorium beigelegt werde; darum hatten die Bötinnen vom Dorf fast allwöchentlich ein Küchengrüßlein für die Frau Spezialin im Korb, also daß diese unter der Hand einen Kleinhandel mit Spargeln, Tafelobst und fettem Geflügel in die Residenz trieb, da solche Leckerbissen zu kostbar für die eigene Tafel erfunden wurden. Ein Wochenbett, das sagte der Onkel Christian im Vertrauen seinem Bruder Gottlieb, konnte er allezeit zu dreißig Gulden Reinertrag anschlagen.

Für Dienerschaft brauchte der Onkel Christian auch nicht viel auszugeben, der Mesner war so eine Art von Haussklave im Spezialhaus: er trug der Frau Spezialin im Winter den Fußsack in die Kirche und erwartete sie an der Pforte mit dem Schirm wenn's regnete, er machte den Aufwärter bei den alljährlichen Disputationsessen, die der Dekan gegen anständige Vergütung zu halten genötigt war, wobei er zum Dank für seine Bemühung ein paar von den Rettichen, die er selbst als Beitrag zur Mahlzeit der Frau Spezialin verehrt hatte, „für seine Kinderlein" nach Haus mitbekam; er durfte in seinen Freistunden im Dekanatgarten arbeiten und sogar im verschlossenen Stall Holz spalten. Seine Frau und Töchter leisteten Beistand beim Waschen, bei Putz- und Nähtereien, ohne daß ihnen einfiel, eine andere Belohnung zu erwarten als die drei Lebkuchen nebst einigen aufgefärbten Bändern, die sie zum Weihnachtsgeschenk erhielten.

Einige Gastlichkeit mußte freilich das Dekanathaus notgedrungen ausüben, es war ja bei Jahrmärkten und sonstigen wichtigen Veranlassungen die natürliche Heimat der Pfarrfrauen, auch wurde je und je ein Pfarrtöchterlein auf längern Besuch geschickt, um der Frau Spezialin hilfreiche Hand zu leisten und zugleich Haushaltungskunst und feine Manieren von ihr zu lernen. Einmal erlaubte sich sogar ein junger unerfahrener Pfarrer, den Herrn Spezial wiederholte Male zu Gevatter zu bitten. Die Antwort, die er beim zweiten Versuch erhielt, ist so klassisch, daß ich nicht umhin kann, sie unverkürzt im Original mitzuteilen:

„Hochwohlehrwürdiger, Hochgelehrter,
Insonders Hochgeehrter Herr Gevatter!

Ich gestehe aufrichtig, daß ich einem abermaligen Ansinnen an mich und meine Frau zur Patenstelle von Ihrem neugebornen Söhnlein nicht entgegengesehen habe. Meine Frau steht mit dem Löblichen Pfarrhaus in T. weder in einer Verbindung, noch hat sie eine gesucht, ich zwar befinde mich mit Eurer etc. in einem amtlichen Verhältnis, aber ich bin in den Jahren schon so weit vorgerückt, daß ein Taufpate von meiner Seite für sein geistig- oder leibliches Wohl wenig oder nichts erwarten kann. Als Dieselben vor einem Jahr diesen Antrag an uns machten, so war es von Ihnen konsequent gehandelt, da Sie mir damit Anlaß gaben, mich durch das Patengeschenk der besondern Verbindlichkeit zu entledigen, worin ich gegen Euer Hochehrw. etc. wegen zweimaligen Neujahrs- und den meinen beiden Töchtern gemachten Hochzeitverehrungen stand. Nachdem Sie nun den vollen Ersatz dafür erhalten haben, so vermutete ich um so weniger, daß Ihre Absicht auf ein ferneres Geschenk von meiner Seite gehe, als Dieselben zum Hauptgrund der wiederholten Gevatterschaft unsere ununterbrochen fortgesetzte Gewogenheit angeben, und es sonderbar wäre, wenn diese noch von mir bezahlt werden sollte, hingegen entsage ich auch in Zukunft allen Geschenken von Ihnen.

Wahr ist es, daß durch die jährliche Visitation Ew. Hochehrw. meine Gegenwart Kosten verursacht, allein, nicht zu gedenken, daß mir daher doppelt angenehm war, wenn ich Dieselben mit der Frau Liebsten in meinem Hause wieder bewirten konnte, so werde ich auch mit dem besten Willen, wenn mein Amt mich ferner nach T. ruft, ihren lieben Kindern eine angemessene Verehrung machen, denn um meinetwillen geschieht doch der Aufwand nicht allein. Dies vorausgesetzt, so bezeuge ich unsere wahre Teilnahme an der abermaligen glücklichen Entbindung der Hochwerten Frau Liebsten, und bin ich auch mit meiner Frau zur Annahme der Patenstelle aus christlicher Gesinnung bereit, mit dem herzlichen Wunsch, daß Gott den Reichtum seiner Macht und Gnade an der Frau Wöchnerin wie an dem Säugling durch Leben und Wohltat in jeder Rücksicht verherrlichen und auch das Wachstum des lieben ältern Söhnleins begleiten möge.

Noch muß ich, teils aus Freundschaft, teils aus Amtspflicht die Bemerkung machen, daß mir und anderwärts die über den eigentlichen Bluts- oder Seitenverwandten noch sonstige Anzahl von Gevatterleuten auffallen, ich habe derselben niemals über fünf, meistens weniger gehabt, und ohne Tax sind einem Privatmann von unserer Klasse auch nie mehr erlaubt; dabei bedenken Sie noch den widrigen Eindruck, der einem Vorgesetzten und religiös denkenden Manne gegeben wird, wenn ein noch junger Geistlicher mit einer der heiligsten Handlungen eine kaufmännische Spekulation treibt.

Nach unsrer vielseitigen Empfehlung verharre ich noch mit schuldiger Hochschätzung

Euer Hochehrwürden gehorsamster Diener.“

Ob der Herr Pfarrer auf diesen Brief hin seinen frechen Antrag zurückgenommen, ist mir nicht bekannt worden.

Ja, das mußte man dem Onkel Christian lassen, wenn er seinen Zopf auch mit gefärbtem Sackband umwand, so hatte er doch verstanden, sein Schäfchen trocken zu bringen, und wenn er seine Ersparnisse noch im irdenen Spartopf hätte aufbewahren wollen, er hätte einen so groß wie ein Schulglobus bestellen müssen.

Der Herbst ist der eigentliche Schwabenfrühling. Das lasse ich mir nicht nehmen, so absurd es klingen mag. Es steht dies gewiß im Zusammenhang mit der Sage, daß dem Schwaben der Verstand erst mit dem vierzigsten Jahr komme. Wir Schwaben haben zwar recht frühlingswarme Herzen und können gar schöne Lenzgedichte machen mit den verpönten Reimen: ziehen, blühen, Rose, Schoße, Mai, frei oder Treu; auch will ich dem Mai gewiß nichts Schlechtes nachreden, aber das muß ich doch im Vertrauen sagen, daß ich im Schwabenland selten einen Frühling erlebt habe, in dem die Kirschenblüte nicht erfroren und die Apfelblüte nicht verregnet worden ist.

Frühlingslust, recht allgemeine volle Frühlingslust paßt für ein südlich Volk, dessen milder Boden ohne Müh und Arbeit seine Früchte spendet. Was aber weiß unser Landmann von Maienwonne und Blütenlust, der eilen muß, seinen Dünger auf die Wiese zu bringen und dessen Wintervorräte zu Ende sind. Auch die lieben Kinderlein, die man in Frühlingsbildern und Liedern im Ringeltanz auf dem Rasen abbildet, sind des Veilchenpflückens gar bald satt und seufzen nach der Zeit der materiellen Naturgenüsse: der Kirschen und Pflaumen und Birnen. Aber wie gesagt, ich bin weit entfernt, dem Frühling zu nahezutreten, mit dem ich persönlich sehr intim stehe, nur müßt ihr mir zugeben, daß das erst rechte Freude ist, an der jung und alt, reich und arm teilnehmen kann, wo von allen Hügeln Schüsse knallen und Schwärmer glänzen, wo der Segen vom Himmel auch die härtesten Herzen mildtätig gemacht hat, und wo der ärmste Bettelknabe doch mit ein paar Äpfeln im Sack an einem Raine liegen und sich einen schönen Abend machen kann mit einigen halbausgebrannten Fröschen, die er von einem Herbstfeste erhascht hat.

„Es geht in Herbst" ist ein schwäbisches Trost- und Entschuldigungswort bei kleinen Mängeln, in die man sich mit Humor fügen muß, das selten seine Wirkung verfehlt. „Der sieht aus, als ob ihm der Herbst erfroren wäre", bezeichnet einen hohen Grad von Trübsal und Niedergeschlagenheit – kurz, der Herbst ist der rote Faden, der sich durchs Schwabenleben zieht. Macht mir nicht den Einwurf, daß in einem großen Teil von Schwaben keine oder saure Trauben wachsen, Herbst muß doch sein! Die mit den sauersten Trauben jubilieren am lautesten, und die, so gar keine haben, halten Kartoffelherbste und putzen acht Tage zuvor schon ihre alten Pistolen und neuen Büchsen, um sie recht laut krachen zu lassen.

Im Herbst allein sieht man keine neidischen und keine verhungerten Gesichter, im Herbst braucht keine Hand müßig zu sein, die sich rühren kann; das kleinste Mädchen schneidet ihr Kübelein mit Trauben, der kleinste Bub treppelt mit den Füßen und lacht schelmisch hervor aus der Bütte, in der er auf und nieder tanzt. Im Herbst zieht der fröhliche Bursche in die Ferien heim und bringt ein frisches Leben in das verrostete Philistertum kleiner Städte. Darum liegt für ein schwäbisches Herz ein süßer, geheimnisvoller Reiz in dem Duft des feuchten Herbstnebels, wenn er zum erstenmal wieder sich in die warme Sommerluft wagt, eine Erinnerung an fröhliche Herbstnächte, wo auflodernde Jugendlust und süße Wehmut wie Mondenschein und Fackelglanz ihre magischen Lichter in junge Seelen werfen.

Auch die drei Brüder hatten sich von ihren Knabenjahren an des Herbstes gefreut. Sie hatten als Buben Versteckens in den Bütten gespielt und abwechselnd des Vaters Trauben zu Wein getreten, von denen sie zuvor im geheimen reichlichen Zehnten gezogen, sie hatten als Studenten um das lodernde Fackelfeuer das Gaudeamus igitur angestimmt, nicht einmal den Onkel Christian ausgenommen, der sogar an einem Herbstabend das Herz seiner nachmaligen „Frau Liebsten" erobert hatte. So dachten sie denn als Männer:

„So hab ich's gehalten von Jugend an
Und was ich als Ritter gepflegt und getan,
Nicht will ich's als Kaiser entbehren."

Der Bürgermeister hatte sich den bestgelegenen Weinberg gekauft und ein schönes Lusthaus darin gebaut; da wurde denn der Herbst in Vergnügen und Herrlichkeit gefeiert, daß man weit und breit davon sprach, und von den vornehmsten „Regierungsherren“, die dazu gebeten wurden, bis zu dem niedrigsten Schützenbuben, der sich um die Behütung des Weinbergs Verdienste erworben, wußte jeder zu rühmen von dem fröhlichen Abend und dem freigebigen Herrn Bürgermeister. Auch Onkel Christian, zu dessen Stelle ein schöner Weinberg gehörte, tat ein übriges; es wurde ein Schinken abgesotten und Käse angerührt zu der Weinlese, ja, es durfte sich jeder seiner Knaben ein halb Dutzend Schwärmer dazu anschaffen.

Wie aber sollte der arme Heinrich den Herbst feiern in einer sandigen Residenz, wo kaum Kartoffeln wuchsen? Wohl servierte man an der Hoftafel hie und da Trauben, in Gewächshäusern gezogen, aber was war das gegen eine Platte voll heimischer Silvaner, Rotwelsch und Muskateller? Die erlesenen Trauben, die ihm Bruder Gottlieb einmal in einer Schachtel geschickt, waren auf den schlechten Wegen bei dem Mangel an ordentlicher Transportgelegenheit als ungenießbarer Most angekommen, sein Amt aber gestattete ihm nie, zur Herbstzeit eine Reise in die alte Heimat zu machen. – Da sprach er denn einmal seine Herbstsehnsucht recht wehmütig in einem Brief an den Bruder Bürgermeister aus, und der wußte Rat zu schaffen.

Es war in einem gesegneten Herbstjahr, als der Oberkonsistorialrat eben mit seiner Frau beim Kaffee saß und ihr vom schwäbischen Herbst erzählte, da kam ein plumper, schwerer Tritt die

Treppe herauf, und eine derbe Stimme fragte: „Sind der Herr Konsestore daheim?“ Noch ehe er nachsehen konnte, wer draußen sei, klopfte es mit der Faust an die Tür und herein trat ein vierschrötiger Mann in der württembergischen Bauerntracht, mit einem sogenannten Reff auf dem Rükken, das vollbepackt war mit Schachteln und an der Seite mit kunstreich verpfropften Krügen behängt. „Gotenobend, Herr Konsestore, en schöne Gruaß vom Herr Burgamoister, und da sollet Se au d’Trauba und da süaße Mohst versuacha.“

Nun war’s eine Freude! Da lagen sie wohlgebettet und unversehrt im grünen Rebenlaub: Silvaner und Rotwelsche, Gutedel, Veltliner und Muskateller, daneben süßer Most in den Krügen, der just den kleinen „Stich“ hatte, mit dem er am angenehmsten zu trinken ist, über Berg und Tal, über holperige Pfade und Flußfähren sicher getragen auf dem breiten Rücken des Matthes, des Leibweingärtners vom Bruder Gottlieb, der sich gegen reichliche Vergütung dazu verstanden hatte, seine Zöglinge selbst gut an Ort und Stelle zu bringen. Der Konsistorialrat, der feine Hofmann, vergoß helle Freudentränen über dies Stückchen brüderlicher Liebe; die Frau Fürstin selbst mußte mit höchsteigenem Munde die Erstlinge dieser süßen Schwabenkinder kosten, und bei einer fröhlichen Abendgesellschaft wurde in altem und neuem Wein die Gesundheit des freigebigen Bruders getrunken. Der Matthes, der der Meinung war, er sei fast bis ans Weltende gereist, so daß er nächstens hinuntergefallen wäre, wurde so herrlich verpflegt und reichlich beschenkt, daß er gern versprach, im nächsten Jahr wiederzukommen, als er nach drei Tagen abzog, seine Schachteln gefüllt mit den feinen Würsten, die das vornehmste Produkt der neuen, traubenarmen Heimat des Heinrich waren.

Seitdem zog Jahr für Jahr der ehrliche Sendbote durch drei deutsche Lande, um dem Heinrich den herbstlichen Brudergruß zu bringen, dem auch der Christian sein Scherflein beifügte, und es hat die Herzen der Brüder warm erhalten und das Gedächtnis an die Heimat jung und grün. – Wenn Ceres und Proserpina durch Samen und Blüten sich Grüße gesandt haben, warum sollten ein württembergischer Bürgermeister und ein fürstlicher Oberkonsistorialrat nicht durch Trauben und Würste in Rapport miteinander treten?

Das ist das netteste Stücklein, das ich euch zu erzählen weiß von den drei Urgroßonkeln mit den unterschiedlichen Zöpfen.

Eine alte Jungfer

1847 erschienen – noch anonym – Ottilie Wildermuths erste Prosastücke im „Morgenblatt für gebildete Leser“, die „Genrebilder aus einer kleinen Stadt“. In dem „Landstädtchen ... mit den regellosen Straßen und kunstlosen Häusern“ erkannten die Zeitgenossen unschwer Marbach am Neckar, Ottilies Jugendheimat. Die „alte Jungfer“, eine Tochter des Amtsschreibers Gottlieb Friedrich Canz, dem Marbach eine Stadtbeschreibung aus dem Jahr 1763 verdankt, eröffnet die Galerie.

Ein erstaunliches Debüt. Ottilie Wildermuth „beginnt und ist fertig. Eine im Unauffälligen originelle Person wird porträtiert, ein Genrebild gemalt. Anschaulichkeit und Herzlichkeit halten sich verblüffend die Waage. Der Sentimentalität entgegnet drastischer Witz. Und die Mundart färbt den Satzbau.“ (Peter Härtling)

In der Vorstadt des Städtchens, wo ich meine Jugend verlebt, stand ein gar freundliches Häuschen, das aus seinen vier Fenstern recht hell in die Welt hinausschaute; daneben ein Garten, nicht eben kunstvoll angelegt, noch zierlich gepflegt, sondern zum Teil mit Küchengewächsen, zum größern aber mit lustigem Gras und mit Obstbäumen bepflanzt. Dicht neben dem Häuschen breitete ein stattlicher Nußbaum seine dunkelgrünen Zweige aus, der warf seinen Schatten und zur Herbstzeit seine Früchte gastlich weit in die Straße hinein, ein beliebter Sammelplatz für die liebe Jugend der ganzen Vorstadt. Minder freundlich und einladend erschien ein Paar kleiner fetter Möpse, die sich abwechselnd oder gemeinsam auf der Gartenmauer präsentierten und die obbemeldete Jugend und die Vorübergehenden beharrlich anbellten, ohne jedoch die mindeste Furcht zu erregen, da ihre beschwerliche Leibesbeschaffenheit ihnen nicht gestattet hätte, ihre Drohungen auszuführen.

Wer nun erwartet, an den Fenstern des Häuschens einen lockigen Mädchenkopf zu erblicken, wie das in ländlichen Novellen der Fall zu sein pflegt, der täuscht sich. Nein, so oft die Hausglocke gezogen wurde, und das geschah sehr oft, erschien am Fenster das allzeit freundliche, aber sehr runzelvolle Angesicht der Jungfer Mine, der unumschränkten Herrin und Besitzerin des Häuschens. Und doch wurde dieses gealterte Antlitz von jung und alt so gern gesehen, wie nur je eine blühende Mädchenrose, und ihre Beliebtheit stieg noch von Jahr zu Jahr, was bei jungen Schönheiten gar selten der Fall ist.

Die Jungfer Mine war der hilfreiche Genius des Städtchens. Wie die Glocke begleitete sie „des Lebens wechselvolles Spiel“, aber nicht herzlos, sondern mit dem allerherzlichsten Mitgefühl. Wo Kindtaufe war, da durfte Jungfer Mine nicht fehlen; geschäftig und eifrig, aber leise, leise, um die Wöchnerin nicht zu stören, schaffte und waltete sie in Küche und Vorzimmer, um alles zu besorgen, was an Speise und Trank zur Erhöhung der Festlichkeit gehörte. Ins Zimmer ging sie nicht, auf kein Bitten: „Behüte, laßt mich gehen, Kinder, ich kann nicht, ich habe zu schaffen." Sie glich den Erdleutlein, die den Menschenkindern mit emsigen Händen ihre Arbeit verrichten und vor Tag verschwinden. Ein Hochzeitsmahl war vollends ihr Element, da konnte man tagelang zuvor in allen Räumen des Hauses ihre etwas singende Stimme, ihr geschäftiges Hin- und Hertrippeln hören. Sie war unentbehrlich, denn wer hätte solche Torten gebacken, solche Braten gewürzt, wer vor allem solche Nudeln geschnitten wie die Jungfer Mine? Wo der Tod in einem Hause eingekehrt war, da war sie die erste, die mit bescheidener, aufrichtiger Teilnahme nahte und mit geschickter Hand den Leidtragenden die äußerlichen Mühen und Sorgen abzunehmen wußte, die betrübten Herzen so schwer werden.

Alle Kinder lachten ihr schon von weitem entgegen, denn allen hatte sie schon eine Freude gemacht. Wie fröhlich stürmte das junge Volk zur Osterzeit in den Garten der Jungfer Mine, wo eine lange Reihe von Nestchen bereitstand, mit bunten Eiern und Backwerk gefüllt, eine zahlreichere Ostergabe, als die kinderreichste Mutter zu spenden hatte! Und wie manchen Bissen hatte sich die gute Seele am Munde abgespart, bis sie um Weihnachten die Hanne, ihre treue Dienerin, von Haus zu Haus senden konnte, wo befreundete Kinder waren, um allen eine kleine Weihnachtsfreude zu spenden!

Eine Geschichte hat sie nicht gehabt, die Jungfer Mine. So mitteilend und gesprächig sie war, so hat doch nie eine Seele etwas von ihr gehört über die Zeit, wo ihr Herz jung war; niemand weiß, ob sie auch einmal geliebt, gehofft und geträumt, ob sie eben als ein vergessenes Blümchen stehengeblieben, oder ob Schuld eines Ungetreuen sie betrogen um des Weibes schönstes Lebensziel. Ihr einfacher Lebensgang lag offen vor aller Augen: ihr Vater war Bürgermeister des Städtchens gewesen, in dem sie ihre Tage verlebte, und sie hatte eine harmlose, fröhliche Jugendzeit unter günstigen Verhältnissen verbracht. Ein paar alte Herrn der Gegend, die sie noch fleißig heimsuchten, versicherten, daß sie ein recht hübsches Mädchen und eine flinke Tänzerin gewesen sei, welche Bemerkung sie immer recht günstig, wenn auch mit niedergeschlagenen Augen und vielen Verwahrungen aufnahm. Zur Zeit, wo ich sie kannte, zeigte ihr Äußeres nun eben keine Spuren ehemaliger Reize mehr, aber auf das eingefallene Gesicht mit den freundlichen Äuglein hatte die Herzensgüte ihre unsichtbaren, aber fühlbaren Züge geschrieben, so daß man doch gern hineinsehen mußte. Ihre schmale schmiegsame Gestalt war in beständiger Bewegung, da sie stets im Begriff war, irgendwo anzugreifen und beizuspringen. Auf ihren Putz konnte sie vollends ganz und gar nichts verwenden, dazu war sie immer viel zu sehr beschäftigt, und wenn ihre Freundinnen sie mit einem modernen Putzartikel versahen, so hatte er gar bald seine elegante Form verloren; zumal die Hauben, mit denen sie ihr spärliches graues Haar bedeckte, saßen immer schief, da sie im Geschäftseifer sich hinter den Ohren zu kratzen pflegte.

Ihre Eltern verlor sie ziemlich frühe, auch die einzige Schwester, die im Orte verheiratet war. Die Hand des Witwers derselben wies sie entschieden zurück. Das Erbe der Eltern war klein, ein Hauptbestandteil desselben war ein gelähmter, gichtkranker Bruder. Doch gelang es ihr mit großen sonstigen Opfern und Einschränkungen, das höchste Ziel ihrer Wünsche, ein eigenes kleines Häuschen nebst Garten zu erringen. Das bezog sie mit ihrem Bruder, mit der Hanne und den zwei Möpsen und pflegte den Bruder lange Jahre mit klageloser Geduld, mit unermüdeter Liebe, mit unerschütterter Freundlichkeit bis zu seinem Tod.

Die Jungfer Mine sah man allezeit zufrieden und wohlgemut. Wie groß auch oft ihr Mangel, ihre Entbehrungen sein mochten, niemand hörte sie klagen, sie hatte immer einen Grund zu besonderer Dankbarkeit. Sie hatte auch genug zu tun, bis sie sich freute mit allen Fröhlichen und weinte mit allen Traurigen; wie hätte sie noch Zeit gefunden, an sich zu denken? Sie war immer in Eile, stets rastlos tätig für andre, und es kann sich niemand denken, sie in Ruhe gesehen zu haben.

Die Hanne war gerade durch ihre Verschiedenheit die unentbehrliche Gehilfin der Jungfer Mine. So bescheiden, schüchtern und rücksichtsvoll diese, so rasch, keck und entschlossen war jene im Verkehr mit den Leuten. Sie verteidigte mit Löwenmut den Garten ihrer Jungfer gegen diebische Gassenjungen, ihren Brunnen gegen schmutzige Viehtreiber, ihre schmalen Einkünfte gegen säumige Zinszahler. Sie hing ihr mit unerschütterlicher Treue an und hätte sich eher zerreißen, als ihrer Jungfer ein Härchen krümmen lassen. Als ganz junges Mädchen von ihr aufgenommen, diente sie ihr ohne Lohn; sie wußte aus dem kleinen Garten einen fast fabelhaften Gewinn zu ziehen und verwandte den Überschuß ihrer rüstigen Kräfte zum Waschen und andern Arbeiten zum Taglohn. Den Lohn lieferte sie pflichtmäßig ihrer Jungfer ab, diese bestritt dagegen ihre einfachen Bedürfnisse.

Jungfer Mine war eine ganz besondere Gönnerin der Jugend, vom wilden Knaben bis zum Studenten, vom spielenden Kinde bis zum aufgeblühten Mädchen. Deshalb war ihr Häuschen auch gar oft der Sammelplatz der fröhlichen Jugend, und die Verschiedenheit ihrer Besucher gab oft zu komischen Szenen Anlaß. – Einmal wußte man, wie man in kleinen Städten alles weiß, daß Jungfer Mine den Besuch von zwei Damen des Orts erwartete, die sich durch strenge Frömmigkeit und entschiedene Weltverachtung auszeichneten; sogleich ward sämtliche anwesende männliche Jugend aufgeboten: Schreiber, Kommis, Apothekergehilfen, ein langer Zug leichtfertig aussehender Leute begab sich vor das Haus der Jungfer Mine und schellte gewaltig, um sich zum Kaffee anzusagen. Den Schluß des Zugs bildete das Malerle, ein zwerghaftes Männlein, das eine Zeitlang im Städtchen grassierte und die ganze Gegend abkonterfeite. Was für ein Schreck befiel die gute Jungfer, als sie die Freischar da unten erblickte und an ihr Zusammentreffen mit den gestrengen Damen dachte! Trotz aller Gastlichkeit öffnete sie das Haus nicht, sondern kapitulierte zum Fenster heraus, bis auf das Versprechen eines guten Kaffees unter dem Nußbaum für den nächsten Tag der Haufe lachend abzog.

Ein andermal saß ein Trupp lustiger Studenten, die ihre Ferienzeit verjubelten, an einem Sonntag am runden Tisch in ihrem behaglichen Stübchen und hatte eben trotz der bescheidenen Einreden der Jungfer Mine ein Kartenspiel begonnen, als es am Hause läutete. Siehe da, es war der Herr Diakonus, ein besonders hochverehrter Freund der Jungfer Mine. Nun war er zwar ein sehr freundlicher, duldsamer Mann, aber der Tisch voll rauchender Studenten, das Kartenspiel am Sonntag – das war denn doch zu arg! „O ihr lieben Herren! ich kann euch nicht mehr brauchen, – der Herr Helfer! – Geht doch in den Garten! – Hanne, führ sie hinten hinaus!“ rief sie, in großem Eifer hin- und herrennend. Lachend zog die junge Schar ab ins Nebenzimmer, die fatalen Karten aber schob sie eilig unter den Tischteppich und empfing nun den Herrn Diakonus. Aber, o weh! während des Gesprächs zupfte dieser unwillkürlich an dem Teppich und die Karten fielen ihm in Masse auf den Schoß. Daneben streckte das junge Volk die Köpfe durch die Wandöffnung über dem Ofen und brachte durch komisches Gesichterschneiden die ehrbare Jungfrau dermaßen außer Fassung, daß es am Ende das beste war, die Frevler zu verraten, worauf die Szene mit allgemeinem Lachen schloß.

Sie wurde von der Jugend auch jederzeit in Ehren gehalten. Zur Zeit der Herbstferien wurde alljährlich ein sogenannter „allgemeiner Herbst“ gehalten, von dem man singend und schießend im

Fackelzug heimkehrte. Jungfer Mine nahm nie Anteil an so großartigen und geräuschvollen Festen, wo man ihrer Hilfe ja doch nicht bedurfte. Vor ihrem Häuschen aber hielt jedesmal der fröhliche Zug bei der Heimkehr und brachte ihr ein Ständchen, ohne besondere Auswahl der Musikstücke; Jungfer Mine stand dann freundlich am Fenster und dankte mit züchtigem Verneigen. Ich erinnere mich wohl, wie die Studenten ihr einmal jubelnd zusangen:

„Ach wie bald, ach wie bald,
Schwindet Schönheit und Gestalt“,

und wie sie dann lächelnd mit dem Finger drohte: „Ei, ihr Schelmenherrn!“ Niemand hat besser einen Spaß verstanden als die Jungfer Mine, sogar über ihr Alter, und das will viel sagen bei einem ledigen Frauenzimmer.

Ihre allerhöchste Freude war aber, wenn sie einem liebenden Pärchen irgendwie Vorschub tun konnte; ihr ganzes Herz lachte, wenn sie junge Herzen gegeneinander aufgehen sah, und manch glückliche Verbindung ist durch ihre so anspruchslos geleistete Beihilfe zustande gekommen. Wie erfinderisch war sie in Wendungen, mit denen sie zärtliche Herzen durch das Lob des Geliebten zu erfreuen wußte, wie unermüdet, Liebende bei ungünstigen Aussichten zur Treue und Ausdauer zu ermahnen! „Liebs Kind, ich koch Ihnen einmal das Hochzeitessen!“ war stets der Dank, mit dem sie jungen Mädchen kleine Aufmerksamkeiten und Freundlichkeiten vergütete. – In einer Schublade, in der viele Briefpäckchen aus ihren vergangenen Tagen pünktlich geordnet aufbewahrt lagen, vielleicht auch ein eigenes Herzensgeheimnis der guten Jungfer darunter, bewahrte sie mit besonderer Sorgfalt ein Paket Briefe mit schwarzen Bändern umbunden. Es war die Korrespondenz eines jungen Paares, das auch einst unter ihrem Schutze sich geliebt hatte und durch Elternhärte getrennt worden war und dessen Andenken sie mit immer neuer Wehmut erfüllte. Nie aber hätte eine unerlaubte Liebe auch nur im entferntesten auf ihren Schutz rechnen dürfen. Behüte, die Jungfer Mine war eine ehrbare Person, Gott und der Obrigkeit untertan, und sprach trotz aller Sanftmut eine sehr entschiedene Entrüstung aus gegen alles, was gegen göttliche Ordnung und die heilige Sitte verstieß.

„Laß mich mit jedermann in Fried und Freundschaft leben!“ war ihr tägliches Gebet zu Gott, und der liebe Gott hat es erhört, indem er ihr ein fromm und freundlich Gemüt gab, das allen diente und es mit keinem verderben konnte. Durch alle Spaltungen, die in kleinen Städten am tiefsten eingreifen, durch alle Zänkereien, durch öffentliche und Privatstreitigkeiten ging sie unberührt und unangefochten und wußte mit den Häuptern kriegführender Mächte Freundschaft zu bewahren, ohne Achselträgerei und Zweizüngigkeit. Sie tat allen zulieb, was sie vermochte, redete keinem Anwesenden zu Gefallen, keinem Abwesenden zu Leid und meinte es mit jedem so von Herzen wohl, daß ihr jeder gutbleiben mußte, und so war es ihr vergönnt, mitten in vielem Unfrieden ihre Tage in Frieden zu verleben und zu beschließen.

Ihr Besitztum war beinahe Gemeingut; das Gras in ihrem Garten war immer zertreten, weil es den Kindern als Spielplatz diente, ihre Obstbäume kamen nicht zum Gedeihen, weil die ganze Stadt Waschseile daran zog, um den sonnigen Platz zum Trocknen zu benützen. Die Hanne eiferte oft gewaltig gegen diese Duldsamkeit, und die gute Jungfer hatte alle ihre Beredsamkeit aufzuwenden, um sie wieder zu beschwichtigen.

Auch der Unterschied der Stände, der in kleinen Städten so scharf abgegrenzt ist, war für Jungfer Mine aufgehoben. Obgleich sie ihrem bescheidenen Anzug wie ihrer Herkunft nach zum Honoratiorenstande gehörte, war sie doch daheim und befreundet in allen ehrbaren Bürgerhäusern, wo man ihres Beistandes bedurfte, und ihre „Weiblein", wie sie ihre Freundinnen aus dem Bürgerstande nannte, wurden jederzeit mit derselben Rücksicht und Freundlichkeit aufgenommen wie die ersten Frauen der Stadt. Ihr besonders guter Freund war Nachbar David, ein alter Hufschmied. Er besorgte ihr die Holzeinkäufe und nahm sich ihrer überall treulich an, wo ihre Güte und ihre Schutzlosigkeit mißbraucht werden konnte. Er war ihr Wetterprophet, dessen Meinung immer entschied, wenn es zweifelhaft war, ob die Wäsche ins Freie gehängt werden könne. Sobald ein Ungewitter am Himmel aufstieg, warf der ehrliche Meister sein Schurzfell ab und begab sich zur Jungfer Mine, die große Furcht vor Gewittern hatte; sie bewirtete ihn dann mit einem Kelche selbstfabrizierten Likörs, und sie trösteten einander mit Gesprächen über die Zeitläufte und mit Vorlesungen aus Arnds wahrem Christentum und aus dem Schatzkästlein, bis das Gewitter vorüber war.

Das ehrwürdige Paar Möpse spielte keine kleine Rolle im Hause, und ein guter Teil der Sorgfalt der Jungfer Mine war ihnen zugewendet. Die Katze und der Kanarienvogel waren nur untergeordnete Subjekte. Die Katze hatte zwar ein Kissen unter dem Ofen, die beiden Möpse aber, Mopper und Weible genannt, nahmen ihre eigenen gepolsterten Stühle daneben ein, wenn sie es nicht vorzogen, bei gutem Wetter im Garten zu promenieren und die Leute anzubellen. „Es muß das Herz an etwas hangen", sagte sie zur Entschuldigung ihrer Vorliebe für die garstigen Tiere. Der nachmalige Tod der Möpse betrübte sie tief, doch nahm sie mit gutem Humor den Beileidsbesuch auf, den ihr einige Freundinnen in tiefer Trauerkleidung abstatteten.

Mit Lektüre hat sich die Jungfer Mine nie viel befaßt, weder mit sentimentaler noch mit gelehrter. Ein gescheites Wort konnte man aber doch mit ihr reden, und niemand hat je Langeweile bei ihr gehabt. Deshalb waren auch ihre Kaffeevisiten, der einzige Luxus, den sich die Jungfer erlaubte, sehr gern besucht, nicht nur weil sie den besten Kaffee und die gelungensten Kuchen produzierte, sondern weil in dem kleinen Stübchen mit den geflickten Gardinen und dem verblichenen Sofa ein guter Geist wehte, der das Gespräch lebendig machte und die Herzen fröhlich. Ins Räsonnieren stimmte sie nie mit ein; es war ihr unmöglich, von einem Menschen Böses zu sagen.

Auch für das mütterliche Gefühl, das in jedem weiblichen Busen schlummert, sollte es nicht an einem Gegenstand für sie fehlen, obgleich es ein altes Kind war, das man ihrer treuen Fürsorge übergab. Ein ehemaliger Kaufmann aus guter Familie, dem in seinen jungen Jahren die südamerikanische Sonne das Gehirn ausgebrannt, lebte als harmloser Narr in der kleinen Stadt. Er war der zufriedenste Mensch, den man sehen konnte, stets vergnügt, stets aufgeräumt und, obschon bei Jahren, hüpfte und sprang er mehr als er ging. Der Fritz nun wurde in die freundliche Obhut der Jungfer Mine befohlen. Sie quartierte ihn in das Stübchen, das seither ihre Heiligtümer verwahrt hatte: den „Papa" und die „Mama", lebensgroße Kinderbilder in hölzernen Röcklein, an denen ein Hündlein hinaufsprang, und eine spanische Wand, darauf die sieben Bitten des Vaterunsers bildlich dargestellt waren; und sie behütete und pflegte ihn mit mütterlicher Sorgfalt. In dem netten Haus und dem freundlichen Garten war der Fritz ganz in seinem Element, er schenkte sein Herz abwechslungsweise bald der Jungfer, die er aber daneben sehr respektierte, bald der Hanne, der es zum erstenmal in ihrem Leben passierte, daß jemand ihre Reize bewunderte. „Hübsch, Hanna, hübsch!" rief er ihr ermunternd zu, so oft er sie erblickte, setzte auch von Zeit zu Zeit den Hochzeitstag fest, ohne sich zu grämen, wenn der Termin immer wieder hinausgeschoben wurde. Ein verwandter Beamter war so freundlich, den Fritz in seiner Kanzlei zu beschäftigen, obgleich seine schriftlichen Arbeiten unbrauchbar waren, da allezeit seine krausen Ideen sich darein mischten. Aber er fühlte sich dadurch so beschäftigt, so wichtig! er eilte mit einer so glücklichen Amtsmiene auf seine Kanzlei, während Jungfer Mine und die Hanne daheim sein Stübchen ordneten und sein Mahl bereiteten. Nur ein Leiden hatte der arme Fritz, das zugleich eine Plage für die Jungfer war: die Hexen, von denen er nach seiner Meinung jede Nacht heimgesucht wurde. Er schnitt sich Stöcke und Stöckchen von jeder Größe, um die Hexen damit durchzuklopfen, und das gab oft einen wahren Hexentanz in seiner Stube, bis ihn die sanftmütige Stimme der Jungfer Mine aus der andern Stube her wieder beruhigt.

Da der Fritz bei der Küche der Jungfer Mine so wohl gedieh, so meldeten sich auch vernünftige Subjekte, anständige junge Männer vom Schreibereifach um Kost und Wohnung bei ihr; der Holzstall wurde noch zu einem Stübchen eingerichtet und der Pflichten- und Geschäftskreis der Jungfer hatte sich bedeutend erweitert. Wie nötig hatte sie nun, um von ihren sonstigen Expeditionen rechtzeitig heimzukommen! Sogar „Offertenmacher", wie sie die Commis voyageurs nannte, wurden nun hie und da als Kaffeegäste zu ihr gebracht, und noch sehe ich sie, wie sie einst in höchster Eil über die Straße rannte und allen Bekannten, die sie zum Spaß aufzuhalten suchten, zurief: „Kann nicht, muß heim, hab vier Herren und eine Gans!"

Alles geht hienieden dem Ende zu, und der guten Jungfer Mine, die in Ehren und bei vollen

Kräften ein schönes Alter erreicht hatte, wollte der liebe Gott die Leiden eines langen Lagers und die Beschwerden des hilflosen Alters ersparen. Sie erkrankte bei der treuen Pflege ihrer Dienerin, die ein Fieber befallen hatte; sie mußte sich legen, um nicht wieder aufzustehen. Verlassen war sie nicht in ihren letzten Tagen: sie, die so vielen gedient, wurde von freundlichen Händen treulich gepflegt, und sie entschlief in ihrem Gott mit frohem und dankbarem Herzen, von vielen aufrichtig betrauert, wenn auch die Trauer nicht von langer Dauer war.

Nach ihrem Tode fand sich, daß ihr Vermögen außer dem Häuschen so gering war, daß niemand begreifen konnte, wie es ihr möglich gewesen, davon zu leben. Und doch war sie so reich gewesen an Freuden für andere. Die Hanne blieb zum Lohn ihrer langen treuen Dienste als alleinige Erbin des Häuschens und Gartens zurück; für ein armes Mädchen ihres Standes ein beneidenswerter Besitz! Aber sie hat sich desselben nicht mehr lange gefreut, obgleich sie von der Krankheit, in der sie noch die letzte Pflege ihrer Herrin genossen hatte, wieder genesen war. Man hörte ihre laute, scharfe Stimme nicht mehr, mit der sie sonst so eifrig die Rechte ihrer Jungfer verfochten hatte, still und bleich schlich sie umher, es schien ihr Lebensnerv gebrochen, und nach einem halben Jahr folgte sie ihrer Herrin nach zur letzten Ruhestatt.

Wenige der alten Freunde der Jungfer Mine leben nun noch in dem Städtchen, und so ist auch ihr Grab verlassen und vergessen; von den schönen Levkojen und Reseden, die wir aus ihrem Garten dorthin verpflanzt hatten, ist nichts mehr zu sehen, aber ein Fruchtbäumlein hat darauf Wurzel gefaßt und beschattet es mit seinen grünen Zweigen. – Leicht sei ihr die Erde, der guten Jungfer Mine, und sanft ihre Ruhe, ihr, die sich hienieden keine Ruhe gegönnt hat!

Ein Tausendkünstler

„Der Dakter", ein Silbergürtler aus Chemnitz namens Gottlob Francke, ließ sich zu Beginn des 19. Jahrhunderts in Marbach am Neckar nieder und erreichte 1812, daß durch die Vernehmung mehrerer Zeugen Schillers Geburtshaus eindeutig bestimmt werden konnte. Ottilie Wildermuth gab diesem Marbacher Original einen Platz in ihren „Gestalten aus der Alltagswelt".

Es gibt Orte und Szenen, die man nie wieder sehen sollte, wenn man sie als Kind gesehen hat, um den poetischen Reiz des ersten Eindrucks nicht durch spätere nüchterne Anschauung zu schwächen. Unter solche Orte rechne ich die Stube des „Dakters", die für mich mit all dem magischen Duft erfüllt war, der in poetischen Schilderungen auf den Laboratorien der Alchimisten ruht.

Der Dakter war, wie der Titel besagt, ein Tausendkünstler, dem nichts verborgen blieb, und er machte Geschäfte in allen Fächern. Von Gewerbe war er ursprünglich ein Gürtler, er war aber auch Gold- und Silberarbeiter und Uhrmacher, er war aber auch Graveur und Juwelier, er verstand Porzellan zu kitten, Transparente auszuschneiden, Fahnen zu drapieren, Illuminationen zu arrangieren und Festsäle zu schmücken; er hatte schöne Kenntnisse in der edlen Kochkunst und konnte Torten und Kuchen so sinnreich verzieren wie der

Hofkonditor. Der Dakter war auch ein Roßkenner; er hielt ein Pferd, einen Schlitten und ein sonstiges zweideutiges Fuhrwerk, das zwischen Droschke und Bernerwagen die Mitte hielt und das er zu eigenem Gebrauch und zum Vermieten benutzte; er war auch rationeller Landwirt, der Äcker und Weinberge nach eigenen Heften anpflanzte und allerlei kunstreiche Bebauungs- und Bedüngungsversuche damit anstellte.

Somit gab es der Berührungspunkte mit dem Dakter gar vielerlei, und mannigfach waren die Bestellungen, die wir bei ihm zu machen hatten. Solche Botengänge waren uns jedesmal ein Fest, trotz der hohen und schmalen Treppe, die zu erklimmen war, ehe man das Heiligtum des Künstlers betrat.

Da wußte man nun in der Tat nicht, wohin zuerst sehen und was zumeist bewundern, und wir hatten gewaltigen Respekt vor dem Dakter angesichts der Herrlichkeiten, mit denen er umgeben war. Die Wände waren geschmückt mit den neun Musen und dem halben Olymp in Porzellan, die Kommoden mit kunstreichen kolossalen Porzellanvasen, die bei allen Festlichkeiten in der Kirche, auf dem Rathaus usw. figurieren mußten; in der Mitte des Zimmers prangte ein hoher Glaskasten voll künstlichen Silbergeräts, wunderlich geschliffenen Gläschen und Kristallen in allen Farben, Brennspiegeln, einer Camera obscura, Porzellanfiguren und buntbemalten Döslein. Da mußte für Kinder eine ganz neue Welt aufgehen. Und der Dakter war gar nicht neidisch mit seinen Schätzen, er zeigte und erklärte alles, was da war und noch mehr, in seinem etwas schwer verständlichen sächsischen Dialekt, der uns den gutmütigen Respekt einflößte, der den Schwaben vor allen fremden Mundarten befällt.

Den Titel „Dakter“ trug er von einer einfachen Veranlassung her. Als er zuerst aus dem Sachsenlande einzog, um unsre bescheidene Stadt mit seiner kunstreichen Gegenwart zu zieren, bestand noch der Gebrauch, daß man an den Toren der kleinen Residenz, die er passieren mußte, um Titel und Rang befragt wurde. „Dakter Schwebbe“, sagte er der Kürze halber, und seither blieb er der Dakter bis an sein Lebensende.

Es wäre aber unrecht, ihm diese Selbstbetitelung als Anmaßung aufzurechnen; wenn er auch just nicht auf dem ordinären Weg doktoriert hatte und von den mannigfaltigen Elementen seines Wesens das geistliche das unmerklichste war, so hätte er doch gewiß Doktor und Magister in nicht sieben, sondern wohl in siebzehn freien Künsten werden können. Auch hatte er selbst die allerumfassendste Meinung von seinem Talent. „Das kann ich ooch“, war seine einfache Antwort, wenn von irgendeiner Kunst, Wissenschaft oder Erfindung die Rede war. Zu jener Zeit kamen die orthopädischen Institute auf, und mit ihnen kam eine Anzahl von Verkrümmungen, hohen Seiten, schiefen Hälsen und was mehr für Mißgestalten ans Tageslicht, an die man zuvor kaum gedacht hatte, als man die Menschheit noch wachsen ließ, wie sie konnte und wollte. Tausend besorgte Mütter beobachteten den Wuchs ihrer Töchter, die Ärzte wurden um ihr Gutachten angerufen, wo sie gingen und standen; Turnanstalten, Streckbetten und andere Torturwerkzeuge verbreiteten sich durch Stadt und Land. Obgleich nun der Dakter in einer unorthopädischen Zeit aufgewachsen war, so war er doch gleich vollkommen daheim auf diesem Gebiet. „Das kann ich ooch“, meinte er und konstruierte Hängeanstalten, Stahlkreuze und Maschinen, von denen Heine, Chelius und wie sie alle heißen, gewiß noch viel Neues hätten profitieren können.

Die Dampfmaschinen in jeder Gestalt hielten ihren brausenden Einzug in die Welt. „Das kann ich ooch“, sagte der Dakter und laborierte an einer Dampfsäemaschine, die zugleich durch laues Wasser, das sie von sich gab, den Boden hätte erweichen sollen, die aber meines Wissens nicht zur Ausführung kam.

Daß er nicht kunstritt und seiltanzte, kam sicherlich nur daher, daß es eben nicht in seinem Belieben lag; Taschenspielkünste jeder Art verstand er wenigstens vortrefflich auszuführen: er warf Kugeln in die Höhe und fing sie mit einer Gabel auf, steckte sich eine Gabel in die Nase und ließ die Spitze am Aug herauskommen, verschlang Werg und spie Bänder und dergleichen; „ooch“ konnte er Daguerreotypen verfertigen, nur daß sie wie Silhouetten aussahen.

Über des Dakters Herkunft und Vergangenheit, über den Gründen, die ihn bewogen, das Sachsenland mit unserem hausbackenen Schwaben zu vertauschen, schwebte ein gewisses Düster, das ihn nur noch interessanter machte. Wenn er nun auch nicht direkten Aufschluß darüber gab, so verstand er doch das Dunkel mit einzelnen Erzählungen zu beleben, die wenig hinter denen des Herrn von Münchhausen zurückblieben. Er hatte ganz erstaunliche Abenteuer erlebt, so daß es eine Lust war ihm zuzuhören und ein biederer Dorfschulze einmal unwillkürlich in den Ruf ausbrach: „Aber dem schmeckt's Lügen prächtig!" So zwar verstand er's nicht wie jener in Schwaben bekannte Ehrenmann, der unter andern Erlebnissen häufig erzählte, wie er in Afrika sehr glücklich verheiratet gewesen, bis ihm eines schönes Morgens sein schwarzer Schwiegervater alle seine Kinder gefressen, und der jedesmal bittere Tränen dazu vergoß. Dafür aber wußte der Dakter höchst reizende Schilderungen vom Karlsbad zu machen, wo er „ooch schon" gewesen, wobei er seiner Muse um so freieren Lauf lassen konnte, da er bei den einfachen Sitten des Städtchens gewiß war, daß sich niemand dorthin verirren werde, um seine Aussagen zu kontrollieren. – Die Bäder Aladins im Tal der Genien sind gar nichts im Vergleich mit den Komforts des Karlsbades. Da saß man im Bad, schwebend auf einem Luftpolster, trat aus demselben in ein mit wohlriechender Luft erwärmtes Gemach, wo durch eine künstliche Maschinerie ein weicher, wollener Mantel zum Trocknen sich um die Glieder schlug; dann setzte man sich an ein Klavier, dessen schwarze Tasten je den Namen eines Buchs, die weißen die Namen verschiedener Speisen als Überschrift trugen; man schlug eine beliebige Taste an, und das betreffende Buch oder Gericht kam alsbald herbeigerutscht. In dieser Weise ging es weiter.

Die meisten Potentaten Europas hatte er in Audienzen oder bei zufälligen Begegnungen gesprochen. Er hat „ooch“ vorher gewußt, wie’s mit dem russischen Feldzug ausfallen würde, und seine Schuld war’s nicht, daß man ihn nicht unterlassen hat; „ooch“ hätte er eine besondere Art von fliegender Brücke über die Beresina angeben können, mittels welcher der Übergang leicht zu bewerkstelligen gewesen wäre.

Sei es nun mit seiner Herkunft wie es wolle, seine universelle Bildung und die zum Teil wirklich wertvollen Gerätschaften, die den Schmuck seines Zimmers bildeten, ließen schließen, daß er einst „bessere Tage gekannt“, und er behauptete lange Zeit seinen Rang unter den Honoratioren der Stadt. Er machte sogar eine Art von Haus, wenigstens gab er alljährlich ein großartiges Herbstfest, bei dem er selbstgezogene und eigenhändig zubereitete Hahnen und Kapaunen auftischte und dito Feuerwerk losließ. Zwar gingen die Raketen abwärts statt aufwärts, das war aber wohl nur der Rarität halber, er hätte sie gewiß „ooch“ steigenlassen können.

Mit dem Ehestand hat er’s auch in verschiedenen Variationen versucht, und wenn er eben nicht als musterhafter Ehemann berühmt war, so hat er doch gezeigt, daß er verstanden, immer wieder eine Frau zu bekommen, wenn auch die Vorgängerin nicht an Übermaß von Glück gestorben war. – Die erste, die vielleicht den Grund zu seinem Wohlstand gelegt, war eine Witfrau, ledernen, gesetzten Ansehens, die es wenig verstand, in seine Ideen einzugehen und ein scharfes Regiment über ihn führte. Ja, böse Zungen wollen behaupten, sie habe ihn behandelt wie eine Orgel – bald getreten, bald geschlagen. Aber strenge Herren regieren nicht lange; sie starb und hinterließ ihn als trostempfänglichen Witwer. Sodann erhob er seine Augen zu einer Honoratiorentochter der nächsten Stadt, die aber meinte, er habe in dem Fegfeuer seines ersten Ehestandes wenig Geduld gelernt. Nach ihrem Tode schien es fast, als wolle er Geschäfte in Körben machen, denn er handelte von diesem Artikel eine bedeutende Anzahl ein, endlich aber gelang es ihm doch, eine hübsche, schwarzäugige Bürgerstochter in sein Prunkgemach zu führen, ein herzgutes Weib, die es zum Erstaunen lang an seiner Seite aushielt, bis er „ooch" für sie einen kunstreichen Grabstein konstruierte.

Mittlerweile war der Dakter „ooch" alt geworden, seine kunstfertige Hand zitterte, seine Beredsamkeit nahm ab, sein Vermögen und die Mittel, ein Haus zu machen, gleichfalls, und er schien noch mehr als zuvor die Einsamkeit seines Herdes zu empfinden. Da wählte er schließlich bescheiden „ein Weib aus dem Volke", die Annekäther, eine rüstige Magd, die indes seine Haushaltung besorgt hatte. Annekäther ließ sich die Ehre gefallen, blieb aber dabei fein in der Demut, auch machte der Dakter keine Versuche, sie in geistiger oder geselliger Beziehung zu heben. Der einzige Bildungsgrad, den sie erlangte, war ein seidenes Kleid und eine Spitzenhaube; im übrigen verblieb sie eine demütige Magd, die ihn treulich versorgte und verpflegte bis an sein Ende.

Auch bei den Kindern, die dieser letzten Verbindung entsprangen, den einzigen Sprößlingen seiner vier Ehen, verlor sich der aristokratische Typus, den er selbst noch beizubehalten gewußt, immer mehr. So ging es dem Dakter gleich so vielen großen Männern, die ein glänzend begonnenes Dasein in Stille und Dunkelheit beschließen, wie dem Rhein, der im Sand verläuft. Es wurde immer weniger von ihm vernommen, immer seltener erblickte man Kunstwerke von seiner Hand; doch hatte Annekäther noch hinreichend Zeit, die Ehre des seidenen Kleides und der Spitzenhaube abzuverdienen, bis sie mit gefaßter Seele in den alleinigen Besitz seiner sehr geschmolzenen Verlassenschaft trat.

Der Künstler

ist eine Gestalt aus der Reihe „Hagestolze". In der Einleitung schreibt Ottilie Wildermuth: „Von allen staatsökonomischen Plänen hat mich stets nur einer beschäftigt: eine Hagestolzensteuer zu erheben. Das erschiene mir so recht, so einfach, so natürlich. Man müßte freilich Ausnahmen gestatten: wenn einer wirklich nicht imstande wäre, eine Frau zu ernähren, oder wenn er bereits für Mutter und Schwestern sorgt, oder endlich, wenn er zum wenigsten drei unverschuldete Körbe nachweisen kann."

Vorbild ist ein Vetter ihres Vaters, der Ansichtenmaler und Radierer Friedrich August Seyffer (1774-1845); seit 1815 war er ständiger Zeichner für die Ludwigsburger Porzellanmanufaktur, seit 1822 Verwalter des Königlichen Kupferstichkabinetts in Stuttgart.

Der wäre auch frei gewesen von der Hagestolzensteuer; – kein fröhliches Wiegenliedlein ist ihm erklungen; der Vater hat sich mit verhülltem Gesicht abgewandt, als ihm sein Söhnlein zuerst auf die Arme gegeben wurde, und seine Mutter hat ihn mit Tränen begrüßt. Und doch war er der Sohn eines glücklichen angesehenen Hauses, das Kind guter Eltern, und ein Kreis blühender, reichbegabter Geschwister harrte mit froher schüchterner Erwartung des neuen Brüderleins. Aber das schöne klare Menschenantlitz, die erste, die einfachste Mitgabe der Natur, deren unendlichen Wert erst die begreifen, denen sie versagt ist, war bei ihm entstellt, und statt daß die Mutter mit freudigem Stolz ihr Kindlein den besuchenden Freundinnen gezeigt hätte, schaute sie, ehe sie das Wiegentuch enthüllte, mit schmerzlichem Blick zu ihnen auf, der um ein schonendes Urteil bat.

Nun gibt es gewiß keine Frau, die in solcher Stunde einer Mutter weh tun könnte, und alle waren reich an Trostgründen: die eine vertröstete auf eine Operation, die andere aufs Verwachsen der entstellten Lippe, die dritte rühmte des Kindes helle Äuglein; aber unter sich kamen alle darin überein, daß der liebe Gott am besten täte, das Tröpflein zu sich zu nehmen; und der Vater selbst mochte wohl so denken, als das Kindlein tage- und wochenlang fortschrie und infolge einer ziemlich vergeblichen Operation dem Tode nahe war. Die Mutter wagte kaum um des Kindes Leben zu bitten, aber sie klammerte sich mit einer unbeschreiblichen Liebe an das arme Geschöpf, mit einer Liebe, die ihm die ganze Welt ersetzen sollte, und das Kindlein lebte fort. „Wenn du meinem Kind das Leben erhalten hast, guter Gott“, betete die Mutter zuversichtlich, „so wirst du ihm auch ein Plätzchen auf Erden finden, wo es hingehört“; und dies Gebet blieb nicht unerhört.

Es war ein neues Leid, als das Kind die ersten Sprachtöne, sonst ein Gegenstand bewundernden Jubels der Eltern, nur spät und mühsam, entstellt und undeutlich hervorstieß. Gar lange Zeit konnte ihn niemand verstehen als die Mutter, aber mit besonderer Freude und Stolz verkündete sie auch jeden Zug eines gesunden Verstandes und kräftigen Geistes, den sie in diesen unartikulierten Lauten herausfand.

So wuchs er auf, stark und kräftig von Gestalt, aber unschönen düstern Angesichts, unter den schönen, heitern, lebensvollen Bildern der Geschwister. Alle Liebe, die er im Vaterhaus erfuhr, konnte ihn nicht bewahren vor den Verletzungen von außen, die unvermeidlich mit einem solchen Lose verbunden sind. Gar oft kam er mit zornigen Tränen vom Spielplatz oder aus der Schule heim, wo da einer seine Stimme nachgemacht, ein andrer sein Gesicht als Karikatur gezeichnet hatte, und goß seinen ungestümen Grimm in das mitleidige Herz der Mutter, und die schwere bittre Frage des Hiob: „Warum bin ich nicht gestorben von Mutterleibe an? Warum bin ich nicht umgekommen, da ich ans Licht kam?“ stieg in seiner Seele auf zu einer Zeit, wo andre nur die erste, reinste, unbewußte Lust des Daseins kennen. Kein Wunder, wenn auf seinem Angesicht ein Schatten lag all sein Leben lang, ein Schatten, den selbst der Tod nur gemildert, nicht weggenommen hat; und wer ihm damals gesagt hätte, daß ihm eine mehr als siebzigjährige Pilgerfahrt bestimmt sei, der hätte sich bei ihm wohl schlimmen Dank verdient.

Aber zwischen ihm und der Welt, die ihm so unfreundlich entgegentrat, bildete die Liebe des Vaterhauses eine schützende Mauer. Alle hatten das Gefühl, als ob sie ihm etwas zu vergüten hätten, bei geschwisterlichen Zwisten wurde Friedrich neutral gelassen, mit kampfbereiter

Faust schützten ihn bei Knabenspielen die Brüder gegen jede Unbilligkeit und Verhöhnung, die geschickte Hand der blühenden Schwestern war unermüdet, ihn mit niedlichen Geschenken zu erfreuen, denn bei dem unschönen Knaben hatte sich frühe schon ein feiner Schönheitssinn ausgebildet, der freilich auch sein Gefühl schärfte für das, was ihm versagt war.

So wurde durch diese Liebe, die er im engern Kreis der Seinen erfuhr, die lautere süße Quelle der Herzensgüte und des Wohlwollens frisch und lebendig in ihm erhalten, wenn auch nach außen sich viel rauhes Gestein darum ansetzte.

Friedrich erhielt den besten Unterricht, auch hier stand der Bruder ihm schützend zur Seite und war sein Dolmetscher, wo sein Organ ihn unverständlich machte; er drang eifrig durch die geöffnete Pforte klassischen Wissens, aber er fühlte doch, daß die gelehrte Welt ihm keine Zukunft biete.

Alle Berufsarten wurden durchgegangen und erwogen, was für Friedrich taugen könnte, dem es ja an geistigen Gaben nicht fehlte: – Geistlicher, Arzt, Beamter, Advokat, Kaufmann, Apotheker – ach, überall gehörte ein unentstelltes Angesicht, eine klare Stimme dazu, um einen Weg zu machen und Ansehen und Wirksamkeit zu gewinnen. Gegen ein niederes Gewerbe sträubte sich die Mutter, es war dies zu jener Zeit für Söhne vom Honoratiorenstande nur ein Ausweg im schlimmsten Notfall, und sie fürchtete, sein Äußeres möchte ihn hier noch mehr Kränkungen aussetzen. Sie sorgte sich aber nicht um ihn, sie wartete zuversichtlich auf einen Wink von oben für seine Zukunft, einen Wink, wie ihn aufmerksame Kinder vernehmen lernen, und ahnte schon den Ausweg, den sie aber von selbst wollte herankommen lassen.

Das Elternhaus Friedrichs war ein gar fröhliches, mannigfach belebtes, und wie still, oft düster auch sein Sinn war, eine Strömung dieses warmen Lebens mußte auch seine Seele durchziehen und jede darin schlummernde Kraft zur Reife bringen. Der Vater war ein Mann von vielseitigen geistigen Interessen, der über dem oft beschränkten Standpunkt des damaligen Beamtenstandes stand, die Mutter ein reiches, phantasievolles Gemüt, und von beiden hatten die Kinder den lebendigen Sinn fürs Schöne, der jedem eine heitre Lebensmitgabe war. Es herrschte noch alte strenge Zucht und Sitte, die Töchter waren an Arbeiten gewöhnt, wie sie unser jetziges Geschlecht geradezu für unmöglich erklären würde, daneben aber bewahrte sich eine frische gesunde Genußfähigkeit, die bei unsrer Jugend leider auch zu den vergangnen Dingen gehört. Ein wohlwollender Vater und eine noch jugendliche Mutter, schöne Töchter und muntre Söhne, ein heitrer, sorgenloser Geist über alles ausgegossen, – das gab eine fröhliche Ferienheimat für Vettern und Bäschen, und obwohl Friedrich lieber die Einsamkeit suchte, ganz konnte er sich dem Einfluß des rührigen Treibens nicht entziehen.

Es war auch das Zeitalter der Freundschaftstempel, der bekränzten Urnen und Tränenkrüge, der abgebrochenen Säulen und geschmückten Altäre.

Der Papa war zwar für derartige poetische Demonstrationen minder gestimmt, Friedrichs kunstsinnige Schwestern aber ließen sich's nicht nehmen, alle Familienfeste mit Gesängen und Blumengewinden aller Art zu feiern.

Auf des Papas fünfzigsten Geburtstag war ein Hauptschlag ausgedacht: ein Altar sollte im Garten errichtet werden, vor dem ihn die Töchter weiß gekleidet mit einer Kantate empfangen wollten, nach langer Wahl fand sich dazu kein passenderes Möbelstück als ein Nachttischchen; das wurde dann mit weißen Tüchern behängt, mit Girlanden verziert und alle Geschenke darauf niedergelegt. Die Mutter übernahm die etwas schwierige Mission, den Papa in der Morgenstunde in den Garten zu bringen, er kam aber gutwillig, obschon mit etwas unbehaglichem Gesicht, hörte geduldig die Begrüßungskantate an und nahm seine Geschenke freundlich in Empfang; nur meinte er, bedenklich auf den Altar deutend: „Die Nachtanstalt da, Mädchen, die schafft mir weg, ich muß immer dabei an die Cholera denken." Die Mädchen waren zuerst etwas niedergeschlagen, machten sich aber dann mit Lachen daran, den Altar zu demolieren; da fiel dem Papa noch ein kleines Blättchen, Friedrichs Geschenk, in die Hände. Mit lauter Freude und Verwunderung erkannte er darauf seinen Garten, ganz getreu gezeichnet, nur statt der alten baufälligen Laube stand da ein niedliches Häuschen, wie es seit Jahren sein Lieblingstraum war, wo er im Freien und doch hübsch im Trockenen sitzen könne, um seine Pfeife zu rauchen, seine Zeitung und seine Lieblingsdichter zu lesen. Er kannte sich nicht mehr vor Vergnügen, und seine mitleidige Liebe zu Friedrich verwandelte sich in eine Art Respekt vor diesem beginnenden Talent, das er gar nicht geahnt, während die Mutter es schon lange in der Stille geweckt und, so viel an ihr war, geleitet hatte.

„Nun zeigt unser Herrgott einen Ausweg!“ rief er hocherfreut, „jetzt läßt man den Buben malen und zeichnen, mag leicht sein, so kommt doch so viel heraus, daß es ihm sein Plätzchen in der Welt sichert.“

Nach kurzer Vorbildung, bei der sich sein Beruf bewährte, öffnete die Karlsakademie dem jungen Künstler [1790] ihre Pforten. Ein geistvoller Lehrer, dem sich der Jüngling mit all der tiefen wahrhaften Liebe anschloß, der seine starke Seele fähig war, wußte seine Kräfte zu wecken und auszubilden, und bald gab er sich ganz dem Zweig der Kunst hin, zu dem ihn seine innerste Neigung zog.

Schon seine ersten Studien waren meist Naturansichten, vor allen die anmutigen, verschiedenartigen Gestalten der Bäume; seine jüngere Schwester war nie mit dieser Wahl zufrieden gewesen: „Bäum’ sind langweilig, solltest auch Leut’ malen, das ist viel schöner.“ Ach, das Studium der schönen Menschengestalt mahnte Friedrich, der einen so scharfen Blick für Schönheit hatte, nur immer schmerzlich an das, was er entbehrte, darum suchte er die stille, friedvolle, ewige Schönheit der Natur, und sie hat sich ihm zu eigen gegeben in wunderbarer Weise. Auch die Welt der Farben reizte und fesselte seinen ernsten Sinn nicht, er liebte das Schwere, das Ernste, den Kampf, selbst bei der friedlichsten Beschäftigung. So ward er denn Kupferstecher und hat dem harten Metalle die schönen weichen Bilder abgerungen, in denen er die Reize seines Heimatlandes verewigte.

Mit aufgerichtetem Haupt ging er nun seine stillen Wege, ihm war von Gottes Gnaden sein Beruf gegeben worden. Neidlos sah er die glücklich begabten Brüder hinausziehen, sich ehrenvolle Bahn brechen im öffentlichen Leben, sah sie um Liebe werben und Liebe gewinnen, er sah den Stern und das Licht des Hauses, seine schöne Schwester Klara an der Seite ihres Gatten dahinziehen, er empfand mit warmem Herzen Freude und Leid, das seine Lieben betraf. – Sein Leben war kein klares Bächlein, das unter Blumen fließt, es war ein Waldstrom, der einsam und oft im Dunkel und über rauhes Gestein braust, aber doch ein Strom, der in seiner angewiesenen Bahn zieht, dessen wilde Schönheit sich selten einem Menschenauge kundgibt.

Damals wurde das Reisen etwas schwerer genommen als jetzt, wo jeder, der in seiner Jugend einen Goldkäfer gefangen hat, Naturforscherversammlungen nachzieht, und wer einmal Ritter und Gäule auf seine Schulhefte gesudelt, sich berufen glaubt, später nach Rom zu reisen. So hat denn auch Friedrich keine weiten und glänzenden Kunstreisen gemacht. Es war schon eine große Begebenheit und wurde als ungeheures Opfer von seiten seiner Eltern angesehen, daß er [1802] nach Wien reisen durfte, wo damals die Kupferstecherkunst in voller Blüte stand.

Dort trat er in einen Kreis, wo das Talent höher wog als die äußere Erscheinung, wo man geneigt war, gerade bei seinem auffallend ungünstigen Äußern ihm um so reichere innere Begabung zuzutrauen und fast einen zweiten Michelangelo in ihm suchte. Eine herzliche, rückhaltlose Freundschaft verband ihn dort mit jungen Kunstgenossen, und obgleich er aus freier Liebe seine Heimat zum bleibenden Aufenthalt wählte, dachte er doch stets mit Freuden jener Blütentage seines Lebens und seines Talents.

Es begann damals in der Kunst eine neue Periode, man wandte sich von den steifen, geschmacklosen Zopfgestaltungen ab, und rasch zum Gegenteil: in Gärten, im Anzug, auf Bildern zeigte sich ein Geschmack für das sogenannte Pittoreske. Kein klarer Himmel durfte sich über den Bildern wölben, nur zerrissene Wolken, zerklüftete Felsen, umgestürzte Stämme und zerfallene Häuser bildeten die Landschaft. Friedrichs gesunde Natur sträubte sich auch gegen dies Extrem. Er zeichnete einmal einen schönen, wohlgestalteten Baum im Prater und brachte die gelungene Skizze sehr vergnügt dem italienischen Meister; der betrachtete sie mit immer mehr unzufriedener Miene und besann sich nur auf ein deutsches Wort, um seinen Tadel auszusprechen: „Mehr verriss' [zerrissen]...", stieß er endlich hervor. – „Von da an ließ ich die Kerle sagen, was sie wollten, und malte wie ich wollte", sagte Friedrich, „was! da müßt ja unser Herrgott ein paar hundert Donner- und Hagelwetter 'runterschicken und die Welt zusammenschlagen, bis sie denen zum Abmalen gefiele!“

Er kehrte in die Heimat zurück, die Eltern starben, die Geschwister hatten sich ihren eigenen Herd gegründet. Friedrich siedelte sich in einem kleinen Häuschen im Grünen mit einem Maler an, einem Freunde, mit dem er bis zum Tod in treuer Liebe verbunden blieb, und lebte da seiner Kunst.

Er hatte von jeher die Einsamkeit geliebt und früh angefangen, nach der Natur an Ort und Stelle zu zeichnen. Gegen die Sitte der meisten seiner Kunstgenossen waren es selten bekannte Malerwerke, die er mit dem Grabstichel vervielfältigte, er schuf seine Werke ganz selbst. Mit seinem treuen Hund zog er einsam hinaus und schöpfte sich neuen Stoff. Tagelang konnte er so herumstreifen, stundenlang an einem Hügel, in einem Wiesental ruhen und seine Augen weiden an den anmutigen Schatten der Bäume auf dem weichen Grün, an dem vielfältigen Reichtum der Blätter und Gräser in dem kleinsten Waldeckchen und den unaussprechlichen Zauber der Einsamkeit in sich aufnehmen, den Geist Gottes ahnen, der noch heute über den Wassern, über Bergen und Tälern schwebt.

Hier störte und verletzte ihn nichts, mochten seine Züge entstellt sein und seine Stimme rauh; sein Auge war hell geblieben, und eine Quelle reinen, unversieglichen Genusses strömte ihm dadurch zu. Nach solchen Stunden schuf er die lieblichen kleinen Bilder, in denen sich am meisten die tiefe Poesie seines innersten Wesens offenbarte, in denen er den unerschöpflichen Reichtum einer anscheinend einfachen Gegend zeigte und ungeübten Augen die geheimnisvolle Sprache der Natur übersetzte. Er war hier das Kind vom Hause, das Fremden mit Stolz die Schätze seiner Mutter zeigt: ein Pfad, der sich zwischen Waldgebüschen verliert, der Durchblick durch einen Obstgarten auf ein einsames Feldkirchlein, ein Brünnlein im Gebüsch, ein Steg über einen Waldbach, – das alles gestaltete sich unter seiner Hand zum abgerundeten Bilde, dessen leiser, süßer Reiz sich mehr fühlen als beschreiben läßt. Ein nüchterner Vetter versicherte oft mit bewundernder Überraschung: „Und wenn du nur noch einen alten Zaunstecken findest, so machst du die schönste Landschaft daraus!"

Doch blieb er nicht immer im Waldgrunde liegen; rüstigen Schrittes zog er ins Land hinaus, um historisch denkwürdige Punkte aufzusuchen, die er zu größeren Bildern gestaltete. Den Hohenstaufen in seiner einsamen Trauer und die alte Stammburg unsres Herrscherhauses führte er auf großen Blättern aus, gar manche schöngelegene Stadt, manchen reizenden Punkt faßte er wieder von ganz neuer Seite auf und studierte mit unermüdeter Treue, bis er die schönste Stelle gefunden hatte. Sein Lieblingsstudium blieben Bäume, die er auf seinen Bildern immer frei komponierte, auch wenn er zuvor die sorgfältigsten Studien an Ort und Stelle gemacht.

Seine Bilder wurden geschätzt und gesucht, obschon er das merkantilische Geschick nicht hatte, dessen auch die Kunst bedarf, um goldenen Boden zu gewinnen. Er selbst hielt seine Werke gar hoch und wert, sie waren seine lieben Kinder und ihm fest ans Herz gewachsen; er hätte lieber wirklichen Mangel gelitten, als den Preis seiner Bilder herabgesetzt, nur höchst ungern trennte er sich auch von der kleinsten Skizze, sie waren ja alle ein Teil seines innersten Selbst.

Ob sein Herz, das treuer und inniger Gefühle fähig war, je für *eine* geschlagen hat, das weiß niemand; er hatte eine starke Seele, und wenn er stille Wünsche zu Grabe getragen hat, so hat er keine Glocke dazu geläutet. Nach außen, der Welt gegenüber, hatte sich die Rinde eines gewissen unbekümmerten Trotzes um sein Wesen gelegt: „Ich brauch euch nicht und scher mich nicht um euch!" Ein gerader, unbeugsamer Sinn für Recht und Wahrheit war der innerste Grund seines Charakters. Jeder Anflug von Affektation, Empfindsamkeit und süßlichem Wesen war ihm ein Greuel, jede Äußerung gesunder Naturkraft, und sollte es eine Prügelei sein, eine recht innerliche Erquikkung. Er erzählte einst von einem Besuch in der Gemäldegalerie, wo eben eine Menge Volk mit abgeschmacktem Geschwätz und affektierter Bewunderung sich umgetrieben, namentlich eine Frau Base, die einem jungen Burschen vom Lande mit großer Weisheit die Schönheiten der Bilder erklärte; in diesem Augenblick entstand ein Lärm auf der Straße, eine Menge Leute verfolgten einen wild gewordenen Ochsen, „der Bursch läßt Bilder Bilder sein, brennt durch und springt mit Lust dem Ochsen nach, der Kerl hat mi g'freut!" lachte er vergnüglich.

Auf seinen einsamen Entdeckungsreisen durch Felder und Wiesen, die er mit seinem getreuen Karo unternahm, kam er je und je mit Feldhütern in Konflikt, die ihm den Weg verwehren wollten und bei seinem undeutlichen Organ die Erklärung seiner harmlosen Zwecke nicht begreifen konnten oder wollten; nachdem alle Auseinandersetzungen vergeblich geblieben, demonstrierte er sein Recht mit kräftiger Faust und blieb fortan unangefochten. Diese Abenteuer ergötzten ihn so sehr, daß sie sich in spätern Jahren, wo sein Gedächtnis undeutlich wurde, gleich Falstaffs steifleinenen Kerls vervielfältigten: selten besuchte er in seinen letzten Zeiten den Vetter, ohne von drei, sechs, acht Weinbergschützen zu erzählen, die er und sein Karo nicht schlecht den Berg hinabgejagt hätten.

Einmal war er auf seinen langen Gängen an einen kleinen See gekommen, an dessen Ufer Weiber und Knaben beschäftigt waren, Frösche zu fangen und ihnen die Beine zum Verkauf auszureißen. Tief empört stellte er ihnen ihre Grausamkeit gegen die armen Tiere vor; sie aber wollten nicht ablassen und lachten endlich über seine Sprache, die im Affekt noch undeutlicher wurde. „Da hab ich meinen Stock genommen und meinen Karo gerufen", und so hatte er das rohe Volk siegreich in die Flucht gejagt, ohne Mitglied des Vereins gegen Tierquälerei zu sein, und die armen Tiere wieder in ihr Element geworfen.

Die Menschheit im allgemeinen konnte es ihm selten zu Danke machen, das ganze Resultat seiner Studien über das Menschengeschlecht faßte er in die einfache Behauptung zusammen: „Unter hundert Menschen allemal neunundneunzig Rindviecher."

Ob Fremden sein Äußeres auffiel, das beirrte ihn schon lange nicht mehr, seine Freunde liebten ihn so ganz, wie er war, daß sie sich freuten, wenn sie nur seine mißtönende Stimme hörten. – Die jung und schön gewesen waren zur Zeit seiner eigenen freudlosen Jugend, waren nun gealtert und lange verblüht, und er sagte oft mit Lachen, wenn er alte Jugendbekannte wiedersah: „Ich brauch doch nicht wüster zu werden."

So hatte mit dem höhern Alter sein Mißgeschick den Stachel verloren, – doch blieb eine Wolke auf seinem Angesicht, auf seiner ganzen Welt- und Lebensanschauung. Größere und elegante Zirkel mied er; wie er einst in der Familienliebe zunächst seinen Halt und Trost gefunden, so blieb er auch der Familie mit all der Treue und Innigkeit zugewandt, deren sein reiches und starkes Gemüt fähig war. Er hatte ein Herz wie Gold für Freundschaft und Liebe, ein echt schwäbisches Herz für verwandtschaftliche Bande und ein schwäbisches Gedächtnis dazu. Kein freundlicher Blick, kein herzliches Wort war bei ihm verloren, er bewahrte sie alle in einem treuen, guten Herzen, und wen er nur einmal in den tiefen und warmen Grund seiner Seele hatte blicken lassen, der konnte es nie mehr vergessen, seine Liebe und Freundlichkeit hatte etwas unbeschreiblich Rührendes.

Ernsten Sinnes und düstern Angesichts, wie er war, hatte er doch an den Jungen und Frohen seine Herzenslust, immer mehr, je ursprünglicher der

Ausdruck ihrer Fröhlichkeit war. Zwei seiner Nichten erklärte er schlechtweg für „die brävsten Mädchen auf der Welt“, weil sie vor lauter Lust und Lachen einen Tisch umgeworfen und doch dabei weder von Herren noch von Kleidern gesprochen hätten. Wenn ein Kindlein, das er herzen wollte, sich schreiend von ihm abwandte, sagte er wohl wehmütig: „Glaub's wohl, daß du mich fürchtest“, war aber dann kindlich glücklich, wenn das kleine Wesen sich doch an ihn gewöhnte. Auch liebten ihn fast alle Kinder und blieben zutraulich bei ihm sitzen, selbst wenn sie bei andern Besuchen sich scheu zeigten oder verscheucht wurden. Auf Eleganz hat er nie Ansprüche gemacht und war überhaupt von den äußern Genüssen und Bedürfnissen des Lebens unabhängig wie wenige; freien Schrittes ist er durchs Leben gegangen und hat der Erde fast mehr gegeben, als er von ihr genommen.

Sein Zimmer schon gab Kunde, welch großen Anteil die Kunst, welch kleinen irdisches Gut und Behagen an seinem Wesen hatte. An Möbeln und Geräten besaß er nur das Notdürftigste, sein Sofa bildete ein altes Polster, das auf seine Kleiderkiste gelegt war; aber alle Wände waren bedeckt und der enge Raum fast überflutet von Kunstwerken, eigenen und fremden, Kupferplatten, Zeichnungen, Studien und Skizzen, da er jedes Blättchen von frühester Jugendzeit her sorgsam aufbewahrte. Nur keine Lithographie! Gegen diesen Zweig der Kunst, den er als Schmarotzerpflanze auf dem edlen Baume ansah, blieb er höchst feindselig gesinnt und erklärte es für Spottschande, wenn ein gebildeter Mensch dergleichen in seinem Zimmer dulde. Seine Hand wurde unstet, sein Auge getrübt, er hatte noch ein großes Bild, eine Landschaft im Sturm begonnen, in dessen dunklen Zügen er all die verborgene Poesie, die überwundenen Stürme seiner innersten Seele niederlegen wollte, da versagte ihm die Kraft, den Grabstichel zu führen, – er konnte es nimmer vollenden. Nun wandte sich sein rastloser Fleiß den lange verschmähten Farben zu, er malte, solange sein Auge noch hell genug blieb, anmutige Bilder in Öl- und Wasserfarben, er malte fort, fast bis ihm im Tode der Pinsel entsank.

Er war ein greiser und wegemüder Pilger, obwohl er noch aufrechten Ganges mit ungebleichten Haaren seine alten Wege ging. Einen Freund und Verwandten nach dem andern hatte er zu Grabe geleitet, und in die junge Welt konnte er sich nicht mehr finden. Die Ersparnisse aus seinen bessern Tagen wollten kaum mehr hinreichen, seine bescheidnen Bedürfnisse zu decken, da sollte auch seine Stunde schlagen. Kaum erstanden von einem schweren Krankenlager, wurde er von raschem Tode ereilt, und er sank müde nieder zu den Füßen seiner Werke, um nimmer aufzustehen. Seine Kunstgenossen begleiteten den Sarg, den ein voller Lorbeer schmückte.

Wer so tief der Natur ins Auge gesehen und ihr innerstes Meinen verstanden hat, der kann auch dem Vaterherzen nicht fern geblieben sein, das dem anscheinend verkürzten Kinde solch ein reiches Erbteil zugewiesen. Möge der Künstler in den vielen Wohnungen in des Vaters Hause eine Heimat gefunden haben, dort, wo Wahrheit und Schönheit eines sind, wo die edle Seele ihre edle Form finden wird, wo jeder Mißklang sich auflöst in selige Harmonie!

Das friedsame Pfarrhaus

Diese Pfarrhausgeschichte wurde im Mai 1850 in Cottas „Morgenblatt" veröffentlicht und seither nie wieder gedruckt. Warum sie in der berühmten Sammlung „Schwäbische Pfarrhäuser" fehlt, verriet Ottilie Wildermuth in einem Brief an Gustav Heinrich Wagner vom 23. September 1861: „Erdmannshausen gehört ja zu den nächsten Dörfern bei Marbach, meiner lieblichen Jugendheimat, und war uns ein lieber Spaziergang; es hauste früher ein seltsamer lediger Pfarrherr mit seiner alten Schwester dort, ich hatte das Pfarrhaus als das ‚friedsame' früher beschrieben, habe es aber nicht in das Buch mit aufnehmen lassen, da die allzu sensible Schwester, die den Pfarrer überlebte, sich von meiner harmlosen Darstellung verletzt fühlte." („Briefe an einen Freund", hrsg. von Bernhardine Schulze-Smidt, Bielefeld/Leipzig 1910, Seite 56f.)

Bei dieser Schwester, Fräulein Johanne Reichenbach, hatte sie sich am 15. Juli 1851 entschuldigt: "... ich hätte bedenken sollen, daß uns selbst unsre Angehörigen in einem Lichte erscheinen, wo eine humoristische Auffassung ihrer äußern Erscheinung uns wehe tun kann, wenn auch das Andre daran nicht gedacht, und daß, wenn einmal dies Gefühl der Verletzung sich festgesetzt hat, auch manches wehtuend erscheint, was ganz gewiß harmlos ist. Ich hätte ferner bedenken sollen, daß das gedruckte Wort bedeutender ist als das gespro-

chene, und daß, was ich jetzt mit schmerzlicher Empfindung innewerde, der Beifall aller Welt nicht das bittre Bewußtsein aufwiegt, jemand wehe getan zu haben, von dem ich selbst und die Meinen nur Liebe, Güte und Freundlichkeit erfahren haben. Hier liegt meine Schuld, die ich willig anerkenne und für die ich Sie herzlich um Verzeihung bitte.“

Friedsam soll nun freilich jedwedes Pfarrhaus sein, und die meisten sind es auch, so Gott will. Ein ganz besonders stiller und friedlicher Hauch lag aber auf dem Pfarrhause zu M. Da war freilich nicht viel Anlaß zu Lärm und Streit, denn es war bewohnt von dem „ältesten Bub im Ort“, wie ihn der Volkswitz nannte, von dem unverehelichten Pfarrer, Mühlenberg wollen wir ihn nennen, und seiner jungfräulichen Schwester Beate.

Da haben wir nun ein Zölibat in einem evangelischen Pfarrhause, ein selbstgewähltes; wer aber die federdünne Gestalt des guten Pfarrerleins ansah, fand es wohl natürlich, daß er an sein hinfälliges Leben nicht auch noch die Zukunft einer Familie hatte binden wollen; auch wäre er wohl sein Lebenlang gar nie so keck gewesen, um eine Frauensperson zu werben. Darum ward er auch sehr aufgebracht, als man ihm spaßweise ein nachgeahmtes königliches Dekret zuschickte, kraft dessen eine Hagestolzensteuer ausgeschrieben war; eine solche Ungerechtigkeit, wie er’s nannte, brachte sogar sein friedliches Blut in Wallung.

Während seiner ganzen Jugendzeit hatte er für schwindsüchtig gegolten, und seine Studiengenossen nannten ihn den „Pfeiffer“ seines schwindsüchtig pfeifenden Atems wegen. „Mühlenberglein“, sagten sie oft mit dem rücksichtslosen Humor übermütiger Jugend, „Mühlenberglein, du mußt zuerst hinunter!“ Und während im Lauf der Jahre die ganze Promotion, kräftige, lebenswarme Gestalten, Männer wie Felsen, Mann für Mann ins Grab sanken, blieb das timide Mühlenberglein stille und unvermerkt stehen, bis es, der letzte aus dem Kreis jener lebenssichern Spötter, stille und unvermerkt hingegangen war.

Der Himmel hatte aber recht freundlich gesorgt, daß er ihm, dem ängstlichen, schüchternen, unbeholfenen Manne, der zwar nicht mehr, nach den Worten jener Ballade, „ein Jüngling von Gestalt“, doch aber „im Herzen noch ein Kind“ war, die Schwester Beate zur Seite stellte. Ob diese, die wohl vor Zeiten eine gute und anmutige Hausfrau gegeben hätte, aus schwesterlicher Liebe oder auch aus andern Gründen so einsam geblieben, darüber besann sich niemand mehr: sie mußte da sein, wo sie jetzt war, und war an ihrer Stelle so unersetzlich wie nur je eine Frau und eine Mutter. Obschon sie so reich war wie der Pfarrer an jener überfließenden Herzensgüte, die, wie man zu sagen pflegt, „kein Wässerlein trüben kann“, so hatte sie doch auch ein Teil von dem praktischen Geschick, das Frauen selten ganz im Stiche läßt, und war so recht geeignet zur Unterstützung und Hut des timiden Bruders, der trotz des Zölibats ganz und gar nicht zum Alleinstehen geschaffen war.

Schon ein befreundeter Gast, der ihn allein traf, brachte ihn in die tödlichste Verlegenheit; einem benachbarten Arzte, der höflichkeitshalber seine Anstandsvisite im Pfarrhause machte, sagte er in größter Not: „Habe schon meinen Doktor“; mehr noch aber fürchtete er sich vor einem Teil seiner eigenen werten Gemeindeglieder. Das halbe Dorf war ihm, soweit seine Geldmittel reichten, längst verschuldet und kannte seine unerschöpfliche Gutmütigkeit, seine Ängstlichkeit eine Bitte abzuschlagen, viel zu gut, als daß sie nicht immer wieder versucht hätten, aus dieser Quelle zu schöpfen. Eine mit Staketen eingezäunte Ecke des getäferten Wohnzimmers war sein Studierstübchen, so schmal und bescheiden wie er selbst, wo er sich gewöhnlich verschanzt hielt. Die Außenwerke, das Wohnzimmer hielt Schwester Beate besetzt, die jeden unversehenen Überfall abzuhalten wußte. Sah man aber einmal Jungfrau Beate allein ausgehen, siehe, da kam alsbald irgendein Bäuerlein angerückt: „Herr Pfarrer, ich sollte notwendig fünfzig Gulden haben, und da hätt’ ich’s Zutrauen zu Ihnen.“ – „Ja, lieber Mann, ich kann im Augenblick gar nichts entbehren; habe schon mehr hergeliehen, als ich herzugeben habe.“ – „Ja, Herr Pfarrer, ich muß aber eben eine Kuh haben, und wo sollt’ ich denn sonst das Geld dazu auftreiben?“ Das wußte freilich der gute Pfarrer auch nicht, und so versprach er’s denn in Gottes Namen einmal ums andere. Schwester Beate traf ihn aber nach solch einer Überrumpelung wirklich ernstlich böse; denn da er auch nicht den Mut hatte, je auf Bezahlung eines Zinses zu dringen, so stellte er sich wirklich schlecht bei diesem Zutrauen seiner Gemeinde.

Die friedliche Gesinnung der Geschwister war so groß, daß sie im buchstäblichen Sinne kein Hühnchen beleidigen konnten. Deshalb trug auch das stattliche Hühnervolk, durch das der Pfarrhof berühmt war, seine gefiederten Häupter besonders stolz und sicher und gackerte lustiger als sonstwo. Es durfte kein Tier geschlachtet werden, das einmal Genosse des Pfarrhauses und Hofes geworden war, weder Gans noch Ente, weder Hühnchen noch Täubchen. Nur verstohlenerweise bedachte Beate hie und da den Vikar mit einem gekauften Huhn. Auf auswärts geschlachtetes Vieh konnte sich dieser Zartsinn natürlich nicht ausdehnen, aber der Pfarrhof war geweihtes Land.

Das friedliche Pfarrhaus war recht eigentlich ein Paradies für Vikare. Hier konnte keiner Stoff sammeln zu Klageliedern, die dieses vielgeprüfte Geschlecht sonst durchs Schwabenland erschallen läßt. Dem Herrn Vikar wurden die besten Bissen zugeschoben, das schönste Obst aufbewahrt; weil der Herr Vikar die schwarzen Trauben liebte, so durfte niemand sonst im Hause solche essen; ja, als einst ein paar Damen aus der Stadt mit Kaffee bewirtet wurden und die Frau Dekanin (natürlich!) nach einem besonders delikat eingeschenkten Täßchen mit der leckeren Rahmhaut griff, da bat, trotz allen schuldigen Respekts, die höfliche Beate: „O bitte gehorsamst, das ist für den Herrn Vikarius!“

Für all diese Güte verlangte der Pfarrer nichts, als daß ihm der Vikar von seinen zahlreichen Stadtbesuchen hie und da eine Neuigkeit mitbrachte, daß er mit Interesse in politische und philosophische Gespräche mit ihm einging; denn trotz seiner friedsamen Natur politisierte das Pfarrerlein fürs Leben gern und war in aller Stille ein Fichtianer. Aus Schonung für den „schwachen Bruder" aber pflegte er philosophische Gespräche immer lateinisch zu führen.

Nicht immer aber waren die Geschwister so glücklich, ihre Güte von diesem wohlgepflegten Vikar mit gleicher Freundlichkeit erwidert zu sehen. Auf einen langeingewöhnten lieben Hausfreund, der Freud und Leid mit ihnen geteilt, der der Jungfrau Beate half die Bauerweiber unterhalten, die zum Anmelden kamen, der dem Pfarrer die zudringlichen Borger abwehrte und die Bevölkerungsliste anfertigte, auf die diesem stets ein halb Jahr lang bange war, auf diesen folgte ein rücksichtsloses Kind der neuen Zeit, ein weitläuftiger Vetter, den abzuweisen der Pfarrer zu schüchtern gewesen war. Der lief in einem grauen Röcklein und grüner Kappe herum, störte die seit Jahren festgesetzte heilige Tagesordnung des Pfarrhauses, verschüttete roten Wein auf die weißen Tischtücher, verscheuchte rücksichtslos die Hühner vom Fressen, trat den alten fetten Hauspudel auf den Schwanz und antwortete auf des Pfarrers zierliches Latein in grobem Deutsch. Ja, er fand sogar die alte Vikariatsstube, mit der doch seit Menschengedenken jeder zufrieden gewesen war, nicht mehr gut genug, so daß Jungfrau Beate die Flachstruhe und ihre Familienheiligtümer aus der großen Rumpelkammer räumen und das Drangsal eines Bauwesens durchmachen mußte, um ihm ein größeres Gemach herzustellen.

An diesem schonungslosen Verfahren scheiterte beinahe sogar des Pfarrers schüchterne Höflichkeit, Jungfer Beate aber blieb unermüdet in Geduld und Zuvorkommenheit. Als sie langerwartete werte Gäste mit einer Mandeltorte bewirtete und der Vikar mit rücksichtslosem Appetit Laugenbrezeln, Obst und dergleichen Beiwerke verschmähte und von jener ein Stück ums andere verschlang wie Schwarzbrot, ja als er zuletzt auch noch des lieben Patchens Biskuitschnitte aufaß, da schob sie in aller Stille ihr eigenes Stückchen noch auf die Platte, um es im gleichen Schlund versinken zu sehen.

Jungfrau Beate war überhaupt die allerhöflichste Person von der Welt; ich bin überzeugt, daß sie selbst in ihren innerlichsten Gedanken, ja im Schlaf noch höflich war, gleich jener Frau Helferin, der die Dekanin erzählte: „Denken Sie, Frau Helferin, letzte Nacht hat mir von Ihnen geträumt“, worauf sie submissest erwiderte: „Bitte recht sehr, Frau Dekanin, es wäre meine Schuldigkeit gewesen, zuerst von Ihnen zu träumen.“ Sie wäre lieber auf der Schwelle ihrer Türe gestorben, ehe sie vor einem Gast eingetreten wäre; nie in ihrem Leben ließ sie sich's zuschulden kommen, jemand zur Rechten zu sitzen, und da ihr Appetit so höchst mäßig war, hatte sie sich angewöhnt, äußerst langsam, ja am Ende nur scheinbar noch zu essen, um ja keinen Tischgenossen von besserem Appetit in die Verlegenheit zu bringen, noch allein zu speisen.

Der Mittelpunkt all ihrer Gedanken und Sorgen war und blieb aber der liebe Bruder, sie war für ihn recht der Engel, den Gott ihm zum Geleite gegeben, daß sein Fuß an keinen Stein stoße. Alle Sorgen und Lasten trug sie für ihn, auch erbangte er, wenn in ihrer Abwesenheit die Hausschelle ertönte. Nur einmal war sie genötigt gewesen, ihn mit ein paar Herrn, die zum Besuch da waren, alleinzulassen; da fand sie bei ihrer Rückkehr Wirt und Gäste süß und fest eingeschlafen, gewiß das einfachste Mittel, sich aus der Verlegenheit einer mühsam geführten Unterhaltung zu ziehen.

Konnte ihn auf Spaziergängen die treue Schwester nicht geleiten, so führte auch er bei gutem Wetter allzeit ein grünes Schirmchen mit sich, das er im Wind aufspannte, um sich von ihm als Segel treiben zu lassen. Einmal hatte er sogar unternommen, allein zu einer Disputation in die Oberamtsstadt sich zu wagen, und kehrte ziemlich aufgeheitert heim. Unterwegs richtete er sein Segel nach dem Wind, verlor dabei die rechte Richtung und stand unversehens mit einbrechender Nacht wieder vor dem Tore der Stadt. Damals gingen Jungfrau Beate und die Magd mit Laternen nach ihm aus.

Mit einem Stammgast des Hauses, dem fetten Verwaltungsaktuar, der auf seinen Amtsreisen stehendes Quartier im Pfarrhaus hatte, stand der Pfarrer auf einem ganz ungenierten Fuß, weil, oder obgleich sie stets verschiedener Meinung waren. Der Fette hatte eine etwas romantische Richtung, er glaubte an ein „Hereinragen der Geisterwelt“, an alles Wunderbare schlechtweg; der Pfarrer aber war, wie oben angedeutet, in etwas Philosoph und hielt nichts auf alle die abenteuerlichen Geschichten und Vermutungen, von denen Herr Düppeler stets frische Zufuhr brachte. Einmal wußte er von dem Krokodil zu erzählen, das in einem Keller zu Esslingen aufgetaucht war und daselbst drei Küferknechte nebst etlichen Privatpersonen gefressen hatte; dann brachte er zwei nagelneue Schriftchen, das eine mit fünf, das andere mit zehn Beweisgründen, daß der Napoleon nicht auf St. Helena verstorben sei, sondern als Haji Baba in der Türkei hause, oder er kam mit einer ganz merkwürdigen Broschüre über die neuesten Entdeckungen auf dem Mond, infolge welcher man daselbst gefiederte Menschen herumschwimmen sehen. Das wichtigste und vielbesprochenste Thema aber waren die Nachrichten von dem großen Kometen, der in den dreißiger Jahrgängen an der Erde vorbeikommen und sie gelegentlich zertrümmern sollte. Bei jedem Besuch zog er ein neues Büchlein über dieses Thema aus der Tasche. Der Pfarrer aber, dessen rücksichtsvolle Höflichkeit ein so grobes und ungebührliches Verfahren von seiten des Kometen durchaus nicht zugeben konnte, ließ schlechterdings diese Kometenängste nicht aufkommen und kam, unbeschadet des Friedens, einmal im Eifer des Streites so weit, auf den Tisch zu schlagen, was aber sehr bescheiden tönte. Gewiß wäre es ihm jetzt noch ein Triumph, den Verwaltungsaktuar daran zu mahnen, daß sie beide auf herkömmlichem Wege, ohne Kometenexplosion, heimgegangen.

Alles Geräusch und Aufsehen, zumal wenn es seiner Person galt, war dem friedsamen Pfarrer etwas Entsetzliches. Als die Zeit seines Dienstjubiläums nahte, beabsichtigten seine Amtsgenossen, ihm ein großartiges Fest zu geben, und zufällig erhielt er zuvor Kunde davon. Der bloße Gedanke an einen solchen Aktus, wo er der gefeierte Mittelpunkt sein, Reden halten und sich bekränzen und anjubeln lassen müsse, machte ihm Frieren und Kopfweh. Man bat die Freunde um Gottes willen, die bedrohliche Festlichkeit abzuwenden, die seinen dünnen Lebensfaden wohl schleunig abgeschnitten hätte.

Nachdem ihm noch die Freude geworden, an die Stelle jenes Graurocks einen jovialen, offenherzigen Gesellen zum Vikar zu bekommen, war's ihm vergönnt, unter dem Beistande der treuen Schwesterhand in aller Stille sein stilles Dasein zu schließen.

Fragt nicht, warum all meine Pfarrhäuser der Tod schließe; das Leben selbst ist sehr einförmig in dieser Beziehung, es schließt seine Dramen nie anders. Zudem hat die Feder nur ein Recht an die Vergangenheit. Wollte sie sich, wenn auch mit noch so harmlosen Schilderungen, an die Gegenwart wagen, so müßte ich fürchten, daß sich die Türen aller Pfarrhäuser vor mir verschlössen, und das täte mir leid.

Der Vogelpfarrer

Ein weiteres „schwäbisches Pfarrhaus“ skizzierte Ottilie Wildermuth in ihrem Brief an Justinus Kerner vom 23. April 1857. Wohlweislich unterließ sie hier die Ausführung, denn daß „die Feder nur ein Recht an die Vergangenheit“ habe, lehrte sie ja eben die Geschichte vom „friedsamen Pfarrhaus“, die mit dieser Überlegung schließt.

Wir pilgerten wieder weiter bis Oberlenningen, wo der Pfarrer ein alter Freund meines Mannes, obwohl zehn Jahre älter als er, ist. Das ist ein eigentümlicher Mann, und wenn ich ihn beschreiben wollte, müßt' ich ihn den Vogelpfarrer nennen, wie denn schon sein Angesicht etwas Vogelartiges hat. Er hat nämlich einen ganz besondern Zug in die Höhe, trotz seiner sechzig Jahre steigt er noch auf die steilsten Felsen, bei deren bloßem Anblick andre Leute schwindlig werden; in seinem frühern Pfarrhaus hat er sich auf einen Ahorn drei Stockwerke gebaut, auf dem obersten Giebel war ein halsbrechender Sitz, wo er alle Tage seine Zeitung las und seine Predigten studierte; nebenher durchgrub er aber auch einen Hügel, um sich eine Höhle zu kühlem Sommeraufenthalt zu bilden, in welcher Grotte sich alsdann soviel Ottern und andres Gewürm sammelte, daß sie sein Nachfolger totschießen lassen mußte.

Neben seinem jetzigen Pfarrhaus steht eine sehr hohe Linde, in dieser hat er, solang seine Frau verreist war, ein wunderbares Vogelnest gebaut, wo zwölf bis fünfzehn Personen Platz haben, das ist sein Arbeitsgemach, man steigt durch einen Bühneladen über eine schwebende Brücke hinaus und findet sich 40 Schuh vom Boden in einer äußerst luftigen Situation; ein zweites Stockwerk in den Gipfel hat er eigenhändig hinaufgezimmert, da kein Arbeiter mehr hinauf wollte. Sein Schreibpult ragt frei in die blaue Luft hinaus.

Daneben beschreibt er Reisen, die er alle Jahre auf die halsbrechendsten Schweizerberge macht und malt die Bilder dazu, er doktert auch ein bißchen, kurz er treibt alles Erdenkliche, ist aber ein guter Christ und ein treuer, eifriger Seelsorger; das Volk hält ihn für einen Hexenmeister und es kommen Leute bis von Bayern zu ihm, die ihn bitten, in sein Zauberbuch zu sehen für sie, und doch ist er eine anima candida, ein kindlich Herz ohne einen Tropfen Falsch.

Lebenslauf der Ottilie Wildermuth

Ottilie Wildermuth geb. Rooschüz (1817–1877) wurde in Rottenburg geboren und wuchs in Marbach am Neckar auf. 1819 war ihr Vater, ein phantasiereicher, gebildeter Mann, als Oberamtsrichter in die Schillerstadt versetzt worden. Sie besuchte die Volksschule, lernte mit ihren Brüdern Latein, schwärmte für Poesie und schrieb als junges Mädchen heimlich Gedichte. 1843 heiratete sie den Tübinger Gymnasiallehrer Johann David Wildermuth. Trotz stets knapper Kasse führte sie ein gastfreies Haus und unterstützte tatkräftig viele Hilfesuchende. Nach den Töchtern Agnes und Adelheid kam 1852 ihr Sohn Hermann zur Welt. Das geistige Klima ihrer neuen Heimat – zu ihrem Bekanntenkreis zählte das Ehepaar Uhland – brachte ihre Begabung zur Entfaltung. 1847 veröffentlichte sie ihre ersten Geschichten. Der Haushalt ließ ihr nur wenig Zeit für die Schriftstellerei, aber ein überraschend schneller Erfolg spornte sie weiter an; unter der Doppelbelastung litt ihre Gesundheit. In den fünfziger Jahren erschienen, jeweils in zwei Bänden, die „Bilder und Geschichten aus Schwaben“ und die Erzählungen „Aus dem Frauenleben“, dazu Übersetzungen und Kinderbücher. Eine achtbändige Gesamtausgabe folgte schon 1862 in einer Auflage von 10000 Exemplaren. Die Wildermuth wurde bald in ganz Deutschland gelesen und ihrer Natürlichkeit und Selbständigkeit wegen vor allem von Frauen bewundert. Ihre Jugendschriften erlebten bis nach dem Zweiten Weltkrieg unzählige Neuauflagen. Der württembergische König zeichnete sie 1871 als erste Frau mit der goldenen Medaille für Kunst und Wissenschaft aus.

Worterklärungen und Anmerkungen

Textvorlage: „Ottilie Wildermuth's Werke. Erste Gesammt-Ausgabe", Stuttgart 1862. Die Orthographie wurde dem heutigen Gebrauch angeglichen.

Eine Woche aus dem Leben eines künftigen Landexaminanden
(aus der Reihe: „Lebenswege, krumme und gerade"; Bilder und Geschichten aus Schwaben, Band II)

Justinus Kerner (1786–1862): Arzt und Dichter in Weinsberg; Mittelpunkt der Schwäbischen Dichterschule
Landexamen: einmal jährlich in Stuttgart abgehaltene Prüfung; das Stipendium ermöglichte auch Kindern minderbemittelter Eltern den Zugang zur Universität. Die Zahl der Kandidaten überstieg die der Seminarplätze meistens um das Dreifache
Ver sacrum = heiliger Frühling; altitalischer Opferbrauch
Gymnasium illustre = berühmtes G.; hier Eberhard Ludwigs-Gymnasium in Stuttgart
Präzeptor = Lehrer, Erzieher
coram = persönlich
Sallust (86–35 v. Chr.): römischer Geschichtsschreiber

Argument = Aufgabe
Schaudelei = Schludrigkeit
Merkur: „Schwäbischer Merkur“; damalige Stuttgarter Zeitung
Klosterzwang: Herzog Christoph von Württemberg (1515–1568) wandelte die Klöster in evangelische Klosterschulen um; die Stipendiaten mußten schwarze Kleidung tragen, der Tagesplan war genau vorgeschrieben
Johann Albrecht Bengel (1687–1752): evangelischer Theologe; einer der Väter des württembergischen Pietismus
Georg Konrad Rieger: evangelischer Theologe; im 18. Jhd. bekannter Kanzelredner
Friedrich Christoph Oetinger (1702–1782): evangelischer Theologe und Philosoph; Erbauungsschriftsteller
Algierer = Fremdenlegionäre; die Légion étrangère war 1831 zur Eroberung Algeriens aufgestellt worden
Amerikaner: hier Auswanderer nach Amerika
’neingebracht = hineingebracht
Aspiranten = Bewerber, Anwärter
Benefizium = Vorrecht
Divertissement = Zwischenspiel, Zwischenübung
regalieren = reichlich bewirten
Buttmann, Scheller, Zumpt: Autoren griechischer und lateinischer Grammatiken
unterlegte Bettelbuben: scherzhafte Abwandlung der „unterlegten Pferde“ (siehe S. 140); eine Stafette aus Bettelbuben
Kondukteur = Schaffner
leibarm = mager

Franziska von Hohenheim
(aus: „Zur Dämmerstunde. Erzählungen“, 1871)

Karl Herzog: Karl Eugen, Herzog von Württemberg (1728–1793); er regierte seit 1737 (bis 1744 unter Vormundschaft) und führte einen enorm aufwendigen Lebensstil

Baronin Oberkirch: Hofdame einer württembergischen Prinzessin in Mömpelgard

Il avait . . . = er hatte viel Geist und verstand sich seiner zu bedienen

Heiduck = Diener

Ordre = Befehl, Auftrag

württembergische Staatsmann: Johann Jakob Moser (1701–1785)

Hermann August Niemeyer (1754–1828): Theologe, Pädagoge, Dichter geistlicher Lieder

Johann Kaspar Lavater (1741–1801): philosophischer Schriftsteller, der in seiner „Physiognomik“ die Lehre vertrat, in Merkmalen des Gesichts und Schädels präge sich die Seele aus

„Ich will . . . die Tochter erschießen“: eine seinerzeit Franziskas Vater fälschlich zugeschriebene Äußerung; in Wirklichkeit beantwortete er einen Brief Franziskas freundlich

Louise de La Vallière (1644–1710): Geliebte Ludwigs XIV. Sie trat 1674 in ein Kloster ein und unterwarf sich strengen Bußübungen

Billett = Zettel, Briefchen

Prinzessin von Bayreuth: Elisabeth Friederike, eine Nichte Friedrichs des Großen; sie heirateten 1748 denkwürdige Erklärung: ein Reuebekenntnis, das Herzog Karl zu seinem fünfzigsten Geburtstag von allen Kanzeln seines Landes verlesen ließ: er distanzierte sich von seinen Jugendtollheiten und ermahnte gleichzeitig seine Untertanen, „den Landesherrlichen Gebotten gehorsam zu seyn“

Schloß Hohenheim: Franziska erhielt es 1772 als Geburtstagsgeschenk; auf des Herzogs Veranlassung erhob Kaiser Joseph II. sie 1774 zur Reichsgräfin von Hohenheim. Heute Universität

unterlegte Pferde: auf der Poststation zum Vorspann bereitstehende Pferde

Großfürst Paul Petrowitsch (1754–1801): seit 1776 mit Dorothea von Württemberg verheiratet, einer Nichte Herzog Karls; er wurde nach dem Tod seiner Mutter Katharina II. 1796 Zar

Karlsschule: 1770 von Herzog Karl auf Schloß Solitüde gegründet, 1775 nach Stuttgart verlegt, 1781 von Kaiser Joseph II. zur Hochschule erhoben. Auf Befehl des Herzogs wurden begabte Schüler, vor allem Offizierssöhne, aufgenommen; die Ausbildung war kostenfrei

Friedrich Schiller (1759–1805): gegen seinen und seiner Eltern Willen mußte er 1773 in die Karlsschule eintreten

„Sie ist der Dürft’gen Trost...“: zwei Strophen aus dem Gedicht „Empfindungen der Dankbarkeit beim Namensfeste Ihro Exzellenz der Frau Reichsgräfin von Hohenheim“

Adelbert von Keller (1812–1883): Professor der Germanistik und Romanistik in Tübingen

Schillerjubelfeier: sein 100. Geburtstag am 10. 11. 1859
Ecole des Demoiselles: von Herzog Karl gegründete Erziehungsanstalt für adelige Fräulein; er übertrug Franziska das Protektorat, Professoren der Karlsschule unterrichteten
Landschaft = Landtag; eine Stände-, noch keine Volksvertretung
wohl affektionierte = sehr gewogene
„Bilderbuch“: „Das Bilderbuch aus meiner Knabenzeit. Erinnerungen aus den Jahren 1786 bis 1804“, Braunschweig 1849
fatiguant = ermüdend
Serenissimi = seiner Durchlaucht
Regent: Herzog Ludwig Eugen (1731–1795), ein Bruder Herzog Karls
Wittum = der einer Witwe zustehende Besitz
Fourier = der für Unterbringung und Verpflegung zuständige Beamte
Jakob Böhme (1575–1624): protestantischer Mystiker
Johann Michael Hahn (1758–1819): seine Lehre ist von J. Böhme und Oetinger beeinflußt
König Friedrich von Württemberg (1754–1816): er folgte seinem Vater, Herzog Friedrich Eugen, der nur zweieinhalb Jahre regiert hatte, 1797 als Herzog Friedrich II. nach, wurde 1803 Kurfürst und 1806 König von Napoleons Gnaden
Attention = Aufmerksamkeit
fetieren = feiern
galloniert = mit Tressen besetzt
qu’elle vive = sie lebe hoch

Adam Carl August Eschenmayer (1768–1852): Arzt, seit 1818 Professor für praktische Philosophie in Tübingen
Friedrich Wilhelm von Hoven (1759–1838): der einstige Schulfreund Schillers hatte sich zunächst als praktischer Arzt in Ludwigsburg niedergelassen
Palliativmittel = Linderungsmittel
Reminiszenzen = Erinnerungen

Der Maler
(aus der Reihe: „Die alten Häuser von Kirchheim“; Bilder und Geschichten aus Schwaben, Band I)

proper = sauber, nett
Buckeln = kurze Locken (französisch: boucles)
Gourmand = Schlemmer
Verfasserin des schwäbischen Kochbuchs: Friederike Luise Löffler geb. Herbort (1744–1801)
Akademie = Karlsschule
expreß = eigens, ausdrücklich

Die drei Zöpfe
(aus der Reihe: „Bilder aus einer bürgerlichen Familiengalerie“; Bilder und Geschichten aus Schwaben, Band I)

Florett = aus Abfällen gesponnene Seide
Eternell = dauerhafter Stoff
Suite = Gefolge
Prätention = Anspruch, Anmaßung
Stift: das 1536 von Herzog Ulrich gegründete Evangelische Stift Tübingen, die „Pflanzstätte

schwäbischen Geisteslebens“; zu den Stipendiaten zählten Hölderlin, Hegel, Schelling und Mörike
honett = ehrenhaft, anständig
Humaniora = die philologischen Lehrfächer (alte Sprachen)
Heraldik = Wappenkunde
brodiert = mit Stickerei eingefaßt
Cachet = Siegel
Tabatiere = Schnupftabaksdose
Kalypso: bei Homer eine Nymphe, die den schiffbrüchigen Odysseus acht Jahre auf ihrer Insel zurückhielt
Mentor: bei Homer älterer Freund, Schützer und Erzieher des Telemachos
Telemachos: bei Homer Sohn des Odysseus; hier scherzhaft in den Plural gesetzt, da der Hofmeister zwei Prinzen zu erziehen hatte
Deinstle = Dienst
Spezial = Spezialsuperintendent; höherer evangelischer Geistlicher
beauté = Schönheit
Zehentwesen: der Zehnt (meist 10. Teil) aller oder bestimmter Erträgnisse eines Grundstücks wurde von der Kirche bis zu Anfang des 19. Jahrhunderts von allen Gläubigen beansprucht
„der Zopf...“: Vers aus Adalbert von Chamissos Gedicht „Tragische Geschichte“; richtig: „Der Zopf, der hängt ihm hinten.“
Visitationen = Besuchsdienst des vorgesetzten Geistlichen in den ihm unterstellten Gemeinden

Viktualien = Lebensmittel
Chaise = Kutsche
Konsistorium = oberste Verwaltungsbehörde der württembergischen evangelischen Landeskirche
Mesner = Kirchendiener, Küster
Disputation = gelehrtes Streitgespräch
Philistertum = Spießbürgertum
Gaudeamus igitur = Deshalb freuen wir uns; Anfang eines Studentenliedes
„So hab ich's gehalten...": Zitat aus Schillers Gedicht „Der Graf von Habsburg"
Reff = Rückentrage
Ceres: Göttin des pflanzlichen Wachstums
Proserpina: verheiratet mit Hades, dem Gott der Unterwelt; zwei Drittel des Jahres durfte sie in der Oberwelt zubringen

Eine alte Jungfer
(aus der Reihe: „Genrebilder aus einer kleinen Stadt"; Bilder und Geschichten aus Schwaben, Band I)

„Des Lebens wechselvolles Spiel": Zitat aus Schillers „Lied von der Glocke"
Erdleutlein = Zwerge, Heinzelmännchen
Commis = Handlungsgehilfe
Diakonus: 2. oder 3. Pfarrer einer evangelischen Gemeinde, auch Helfer genannt
Tischteppich = Tischdecke, Tischläufer
Johann Arnd (1555–1621): protestantischer Theologe, schrieb Erbauungsbücher („Vier Bücher vom wahren Christentum", 1605)

Schatzkästlein: Johann Peter Hebels (1760–1826) „Schatzkästlein des rheinischen Hausfreundes", Tübingen 1811
in hölzernen Röcklein = in steifen Röcklein
Commis voyageur = Handlungsreisender

Ein Tausendkünstler
(aus der Reihe: „Gestalten aus der Alltagswelt"; Bilder und Geschichten aus Schwaben, Band II)

Camera obscura = finstere Kammer; ein optisches Gerät, das sich besonders zum Nachzeichnen von Bildern eignete
Maximilian Joseph von Chelius (1794–1876): Professor der Chirurgie
Daguerreotypen: photographische Bilder nach einem Verfahren, das der französische Maler Louis Daguerre (1789–1851) erfunden hatte
russischer Feldzug: 1812/1813; auf dem Rückmarsch von Moskau erlitt Napoleons Armee beim Übergang über die Beresina verheerende Verluste

Der Künstler
(aus der Reihe: „Hagestolze"; Bilder und Geschichten aus Schwaben, Band II)

Hiob: Altes Testament, Das Buch Hiob 10,18
geistvoller Lehrer: Johann Gotthard Müller (1747–1830), Kupferstecher
Hohenstaufen . . . Stammburg Württemberg: beide Kupferstiche entstanden um 1814/1815; sie sind abgebildet in „Alte Ansichten aus Württem-

berg“ von Max Schefold, Stuttgart 1956, Nr. 142 und 437

Lithographie: Steindruck, ein 1799 von Aloys Senefelder erfundenes „rein chemisches“ Verfahren

Das friedsame Pfarrhaus

(aus: „Morgenblatt für gebildete Leser“, 1850, Nr. 127 und 128)

Dekret = Verordnung, behördliche Verfügung

Hagestolzensteuer: siehe die Einleitung zum „Künstler“ S. 106

Promotion: Bezeichnung für einen Jahrgang in den niederen evangelisch-theologischen Seminaren Württembergs und im Tübinger Stift

timide = schüchtern, ängstlich

Fichtianer = Anhänger der Philosophie Johann Gottlieb Fichtes (1762–1814)

der „schwache Bruder“: die Pietisten

submissest = untertänigst, ergebenst

Aktuar = Buchhalter

„Hereinragen der Geisterwelt“: Anspielung auf das 1829 erschienene Buch von Justinus Kerner: „Die Seherin von Prevorst. Eröffnungen über das innere Leben des Menschen und über das Hereinragen einer Geisterwelt in die unsere“

großen Kometen: der Halleysche Komet, der eine Umlaufzeit von 76 Jahren hat und 1834/1835 sichtbar war

Bühne = Dachboden

anima candida = reine Seele

Kleine Stieglitze

Karl Napf

Oh heiligs Blechle

168 Seiten

* * *

Heinz Münchow

Jeder Vogel kann singen – doch ein Schwab' Freude bringen

sagt die Bruttlerin

160 Seiten

* * *

Erne Seder

Der Vollmond stand über Erdberg

183 Seiten